精准脱贫：重庆的探索与实践
中国扶贫发展中心　组织编写

怎样巩固脱贫成果

吕方 / 编著

中国文联出版社

图书在版编目（CIP）数据

怎样巩固脱贫成果 / 吕方编著 . -- 北京：中国文联出版社，2021.11
　ISBN 978-7-5190-4636-1

　Ⅰ.①怎… Ⅱ.①吕… Ⅲ.①扶贫－研究－重庆 Ⅳ.① F127.719

中国版本图书馆 CIP 数据核字 (2021) 第 163087 号

编　　著	吕　方	
责任编辑	刘　丰	
责任校对	唐美娟	
图书设计	谭　锴	

出版发行　中国文联出版社有限公司
社　　址　北京市朝阳区农展馆南里 10 号　　邮编　100125
电　　话　010-85923025（发行部）　010-85923091（总编室）
经　　销　全国新华书店等
印　　刷　北京市庆全新光印刷有限公司

开　　本　880 毫米 ×1230 毫米　1/32
印　　张　5.75
字　　数　105 千字
版　　次　2021 年 11 月第 1 版第 1 次印刷
定　　价　58.00 元

版权所有·侵权必究
如有印装质量问题，请与本社发行部联系调换

精准脱贫：重庆的探索与实践
编委会

主　　任：刘贵忠

顾　　问：刘戈新

副 主 任：魏大学　　黄长武　　莫　杰　　王光荣　　董瑞忠
　　　　　徐海波　　周　松　　罗代福　　李　清　　田茂慧
　　　　　吴大春　　马宗南

成　　员：孙元忠　　兰江东　　刘建元　　李永波　　卢贤炜
　　　　　胡剑波　　颜　彦　　熊　亮　　孙小丽　　徐威渝
　　　　　唐　宁　　蒲云政　　李耀邦　　工金旗　　葛洛雅柯
　　　　　汪　洋　　李青松　　李　婷　　牛文伟

编　　辑：赵紫东　　谭其华　　杨　勇　　胡力方　　孙天容
　　　　　郑岘锋　　刘天兰　　李　明　　郭　黎　　陈　勇

主　　编：魏大学　　周　松

执行主编：孙小丽　　牛文伟

副 主 编：赵紫东　　谭其华　　杨　勇　　陈　勇

目录

第一章·巩固脱贫成果的内涵及意义

有关巩固脱贫成果的重要论述及其内涵·003

脱贫攻坚工作的政策部署及成效·013

巩固脱贫成果的总体部署与成效·020

第二章·完成"三落实",做好防贫返贫监测和帮扶体系

落实好防贫返贫监测和帮扶的责任、政策、工作·041

各区县落实防贫返贫监测和帮扶体系的重点·069

第三章·巩固脱贫成果、提高脱贫质量

提升稳定增收能力·091

织密社会保障网络·117

第四章·建立脱贫攻坚与乡村振兴有效衔接机制

城乡融合,发展特色山地农旅产业·137

人居环境改善,建设美丽乡村·143

智志双扶,激发群众奋进内生动力·150

健全乡村治理体系建设,深度实施乡村振兴战略·156

深化农业农村改革,激发乡村振兴动力·162

第五章·总结与展望

"十四五"时期做好巩固拓展脱贫摘帽成果·167

在乡村振兴的过程中坚持共享发展、共同富裕·171

后记·175

第一章 · 巩固脱贫成果的内涵及意义

2014年底，重庆市全市有贫困人口165.9万，深度贫困区县18个，贫困村1919个，贫困发生率高达7.1%。作为脱贫攻坚战的主战场，重庆一直是习近平总书记关注的重点。2016年习近平总书记在重庆视察工作时，就对重庆提出了"一个目标""两点定位""四个扎实"的要求，并从八个方面对重庆工作提出期望。2018年3月，全国两会期间，习近平总书记参加重庆代表团审议时，又再次提出"两高"目标和营造良好政治生态的要求。随后在2019年4月，习近平总书记在重庆主持召开解决"两不愁三保障"突出问题座谈会，结合当时国内总体脱贫形势，分析重庆市脱贫攻坚情况，并以重庆市的情况引申至全国，提出新的意见和要求。习近平总书记对重庆工作的高度关注，进一步加强了重庆关于打赢脱贫攻坚战的决心。重庆市始终以习近平新时代中国特色社会主义思想为指引，要求各级领导干部深刻学习习近平总书记关于扶贫工作的重要论述以及对重庆市的工作要求，结合本市实际扎实推进脱贫攻坚工作。

有关巩固脱贫成果的重要论述及其内涵

党的十八大以来,以习近平同志为核心的党中央将消除绝对贫困作为全面建成小康社会的底线目标和标志性指标,动员全党全社会参与,不遗余力推进。几年时间里,全国各省市全力投入到脱贫工作中,始终坚持精准方略,从"六个精准"[1]"五个一批"[2]"四个问题"[3]等关键点入手,扎实推进精准扶贫、精准脱贫工作,并取得显著成效。脱贫重要,巩固脱贫成果同样重要。脱贫难,巩固成果更难。如何让现有脱贫成果继续惠及群众,如

---

1. "六个精准"指扶贫对象精准、措施到户精准、项目安排精准、资金使用精准、因村派人(第一书记)精准、脱贫成效精准。
2. "五个一批"指产业发展脱贫一批、移民搬迁脱贫一批、生态保护脱贫一批、教育发展脱贫一批、社会保障兜底脱贫一批。
3. "四个问题"指扶持谁、谁来扶、怎么扶、如何退。

何有效防止已脱贫困户返贫，是习近平总书记高度关注的问题，也是已脱贫地区必须解决的问题。

一、习近平总书记关于巩固脱贫成果的论述

脱贫攻坚取得了丰硕成果，如何将这些脱贫成果更好地巩固和拓展，成为习近平总书记这几年高度关注的问题。在近几年调研和会议中，习近平总书记反复强调巩固成果的重要性和必要性。这一系列关于巩固脱贫成果的论述，为当前以及未来全国巩固拓展脱贫攻坚成果指明了前进的目标和方向。

2019年4月16日，在重庆召开的解决"两不愁三保障"突出问题座谈会上，习近平总书记指出："脱贫既要看数量，更要看质量，不能到时候都说完成了脱贫任务，过一两年又大规模返贫。要多管齐下提高脱贫质量，巩固脱贫成果。要探索建立稳定脱贫长效机制，强化产业扶贫，组织消费扶贫，加大培训力度，促进转移就业，让贫困群众有稳定的工作岗位。"[1]

在同年4月召开的中央财经委员会第四次会议上，习近平总书记强调："中西部发展水平相对好些的地区，

---

[1] 习近平总书记在解决"两不愁三保障"突出问题座谈会上的讲话，2019年4月。

要按照既定部署完成剩余脱贫任务，巩固脱贫成果，增强可持续性。"[1]

同年10月，在对巩固脱贫攻坚工作做出的重要指示中，习近平总书记提出："当前，脱贫攻坚已经到了决战决胜、全面收官的关键阶段。要采取有效措施，巩固拓展脱贫攻坚成果，确保高质量打赢脱贫攻坚战。"[2]

在2020年3月召开的决战决胜脱贫攻坚座谈会上，习近平总书记更是将巩固脱贫成果作为当前扶贫工作的重点再次强调。"'三保障'问题基本解决了，但稳定住、巩固好还不是一件容易的事情。""要巩固'两不愁三保障'成果，防止反弹。""多措并举巩固成果。要加大就业扶贫力度，加强劳务输出地和输入地精准对接，稳岗拓岗，支持扶贫龙头企业、扶贫车间尽快复工，提升带贫能力，利用公益岗位提供更多就近就地就业机会。要加大产业扶贫力度，种养业发展有自己的规律，周期较长，要注重长期培育和支持。这几年，扶贫小额信贷对支持贫困群众发展生产发挥了重要作用，要继续坚持。要加大易地扶贫搬迁后续扶持力度。现在搬得出的问题基本解决了，下一步的重点是稳得住、有就业、逐步能

---

1. 习近平总书记在中央财经委员会第四次会议上的讲话，2019年4月22日。
2. 习近平总书记对脱贫攻坚工作作出的重要指示，2019年10月。

致富。"[1]

2020年10月，习近平总书记进一步明确要求："各地区各部门要总结脱贫攻坚经验，发挥脱贫攻坚体制机制作用，接续推进巩固拓展攻坚成果同乡村振兴有效衔接，保持脱贫攻坚政策总体稳定，多措并举巩固脱贫成果。要激发贫困地区贫困人口内生动力，激励有劳动能力的低收入人口勤劳致富，向着逐步实现全体人民共同富裕的目标继续前进。"[2]

习近平总书记高度重视巩固拓展脱贫成果，就具体工作提出明确要求。他指出，要巩固和拓展好产业扶贫、就业扶贫、易地扶贫搬迁的脱贫成果，要在巩固脱贫成果方面下更大功夫、想更多办法、给予更多后续帮扶支持，要保持现有政策总体稳定，推进全面脱贫与乡村振兴战略的有效衔接。

二、习近平总书记论述的内涵和意义

自2017年井冈山、兰考顺利实现脱贫摘帽以来，习近平总书记就在重要会议、重要场合、关键时点反复强

---

1. 习近平总书记在决战决胜脱贫攻坚座谈会上的讲话，2020年3月6日。
2. 习近平总书记对脱贫攻坚工作作出的重要指示，2020年10月。

调要巩固脱贫成果,坚持做好"四不摘"工作。随着时间的推移,全国832个贫困县相继退出贫困名单,巩固成果更成为近两年扶贫工作的重点。[1] 习近平总书记关于巩固拓展脱贫成果的一系列论述,为各地的扶贫工作提供了行动指南和根本遵循。习近平总书记反复强调巩固拓展脱贫成果,不仅是为了实现党对人民做出的庄严承诺,也是为了更好实现脱贫攻坚与乡村振兴的有效衔接,为实现2035年远景目标打下坚实基础。

(一)巩固成果是兑现党的庄严承诺的必然要求

在党的十九大报告中,习近平总书记向全国人民庄严承诺:坚决打赢脱贫攻坚战。让贫困人口和贫困地区同全国一道进入全面小康社会是我们党的庄严承诺。要动员全党全国全社会力量,坚持精准扶贫、精准脱贫,坚持大扶贫格局,确保到二〇二〇年我国现行标准下农村贫困人口实现脱贫,贫困县全部摘帽,解决区域性整体贫困,做到脱真贫、真脱贫。[2] 这是党对全国人民做出的庄严承诺,也是使贫困群众摆脱贫困的必然要求。在过去八年里,习近平总书记的论述一直影响着每一个投

---

1. 顾仲阳. 我国832个贫困县全部脱贫摘帽.[2020-11-25]. https://baijiahao.baidu.com/s?id=1684292483745846671.
2. 习近平总书记在中国共产党第十九次全国代表大会上的报告,2017年10月18日。

身于脱贫攻坚工作的干部和同志，从精准识别、精准施策到精准帮扶、精准退出，每一阶段的精准扶贫工作都在习近平总书记的扶贫论述的指引下有序开展。随着脱贫进程不断推进，特别是脱贫攻坚取得圆满决胜收官，减贫工作的重点发生调整，习近平总书记的论述重点也在不断转变。在当前这一决战决胜的关键时期，巩固好已经取得的脱贫成果尤为重要。

要实现贫困人口和贫困地区同全国一道进入小康社会的目标和承诺，就必须做到贫困人口不返贫。正如习近平总书记在山西调研时强调的，2020年是决战决胜脱贫攻坚和全面建成小康社会的收官之年，必须做好未脱贫人口、有返贫风险的已脱贫人口和致贫风险边缘人口的工作，千方百计地巩固和拓展好脱贫成果，让乡亲们生活得越来越美好。全面打好打赢脱贫攻坚战，实现贫困人口全部脱贫重要，但是防止已脱贫人口返贫和继续攻坚更加重要。脱贫攻坚不是一时之事，实现贫困人口脱贫只能代表我们解决了他们过去和当前存在的问题，如何防止返贫才是现在和未来扶贫工作更应该关注的焦点。贫困地区、贫困人口要想顺利实现小康，必须确保所有风险都已被消除。虽然在过去几年，各地区通过产业扶贫、就业扶贫、易地扶贫搬迁等措施让绝大部分贫困群众摆脱了贫困，但是每年仍然有一定数量的脱贫人口出现返贫。2016年返贫68.3万人，2017年返贫20.8

万人，2018年返贫5.8万人，2019年返贫5500多人，虽然返贫人数逐年下降，但是仍然存在。这就表明，在我们过去的扶贫脱贫工作中，仍然存在着缺陷和漏洞，例如在已脱贫的地区和人口中，有的地区产业发展不成熟，有的地区产业同质化程度高，缺乏特色和亮点；有的贫困人口就业不稳定，有的地区易地扶贫搬迁未能解决好群众搬迁后的生活适应问题。这些问题的出现应该让我们意识到，脱贫不是一劳永逸，只有从多方面多层次巩固脱贫成果，才能确保那些有返贫风险的已脱贫人口和致贫风险边缘人口稳定在安全区内，才能实现党对人民群众做出的庄严承诺。

（二）巩固成果是精准方略的自然延伸

脱贫攻坚贵在精准，成败之举在于精准。习近平总书记早在2013年就提出精准扶贫、精准脱贫的理念，强调能否打赢打好脱贫攻坚战，"精准"是关键。新时期的脱贫攻坚工作，从识别到施策再到退出，精准贯彻始终。精准识别，让我们弄清楚了需要帮助的对象；精准帮扶，让我们能够更好地因村派人；精准施策，让我们的帮扶政策更好地落实到每一个贫困户身上；精准退出，让退出工作做到脱真贫，真脱贫。即使当前已经进入脱贫攻坚的决战决胜时期，精准方略仍然贯彻在我们扶贫工作的方方面面。

面对当前存在的贫困户返贫问题,巩固成果显得尤为重要。要做到多举措多方面巩固成果,中国现阶段的扶贫工作必须从"大水漫灌"转向"精准滴灌",只有靶向清晰、定位精准,才能彻底解决我国扶贫工作中存在的问题。2020年的中央一号文件也从精准方略出发,对巩固脱贫成果防止返贫作出部署,进一步明确了主要内容、方法途径。各级党组织必须结合实际认真贯彻落实。各地要对已脱贫人口开展全面排查,认真查找漏洞缺项,一项一项整改清零,一户一户对账销号。总结推广各地经验做法,健全监测预警机制,加强对不稳定脱贫户、边缘户的动态监测,将返贫人口和新发生贫困人口及时纳入帮扶,为巩固脱贫成果提供制度保障。强化产业扶贫、就业扶贫,深入开展消费扶贫,加大易地扶贫搬迁后续扶持力度,着力解决贫困群众生产、就业、创业等方面的现实问题,帮助他们实现稳定就业和增收。扩大贫困地区退耕还林还草规模。深化扶志扶智,激发贫困人口内生动力。[1]这些巩固脱贫成果的举措,精准指向扶贫领域的现存问题,从稳定脱贫攻坚政策出发,要求各地区坚决落实摘帽不摘责任、摘帽不摘政策、摘帽不摘帮扶、摘帽不摘监管的工作要求。确保了精准方略

1.《中共中央 国务院关于抓好"三农"领域重点工作 确保如期实现全面小康的意见》,2020年1月2日。

在脱贫攻坚战的最后一刻也能一如既往地被践行。因此，当前阶段的巩固脱贫成果工作，是习近平精准方略的自然延伸。

（三）巩固成果是脱贫攻坚与乡村振兴的有效衔接

2020年10月召开的党的十九届五中全会，站在党和国家事业发展全局的高度，按照党的十九大对实现第二个百年奋斗目标作出的分两个阶段推进的战略安排，将"十四五"规划与2035年远景目标统筹考虑，明确了未来15年中国经济社会发展的总目标。在规划与目标中，重点提到了要实现巩固拓展脱贫攻坚成果同乡村振兴的有效衔接。建立农村低收入人口和欠发达地区帮扶机制，保持财政投入力度总体稳定，接续推进脱贫地区发展。健全防止返贫监测和帮扶机制，做好易地扶贫搬迁后续帮扶工作，加强扶贫项目资金资产管理和监督，推动特色产业可持续发展。健全农村社会保障和救助制度。在西部地区脱贫县中集中支持一批乡村振兴重点帮扶县，增强其巩固脱贫成果及内生发展的能力。坚持和完善东西部协作和对口支援、社会力量参与帮扶等机制。[1]

---

1. 《中共中央关于制定国民经济和社会发展第十四个五年规划和二〇三五年远景目标的建议》，2020年10月29日。

2020年既是打赢脱贫攻坚战的决战决胜之年，也是开启乡村振兴战略的关键之年。七年的精准扶贫、精准脱贫工作，不仅是为了打赢脱贫攻坚战，让贫困地区、贫困群众摆脱绝对贫困，更是在为乡村振兴战略的实施搭桥铺路。乡村振兴"三步走"战略明确要求，在2020年要确保乡村振兴的制度框架和政策体系基本形成，因此，在脱贫攻坚战中总结的经验与方法在未来的乡村振兴工作中将会成为基础和关键。脱贫攻坚战进入后期，巩固脱贫成果显得尤为重要，扎实推进已经开展的工作，针对产业、就业、易地扶贫搬迁工作中尚且存在的问题进行调整和修改，不仅是稳固成果的必然要求，也是未来开展乡村振兴工作的重要前提。脱贫摘帽不是脱贫工作的终点，而是新生活、新奋斗的起点。贫困地区、贫困户顺利摘帽后还有很多工作要做。各行业、各部门要理清工作思路，提出新的工作计划和目标，加强脱贫攻坚与乡村振兴的衔接，做好巩固成果这一起到连接点的工作，通过实施乡村振兴战略巩固脱贫成果。

脱贫攻坚工作的政策部署及成效

2017年7月以来，重庆市在陈敏尔同志的带领下，坚持以习近平新时代中国特色社会主义思想为指导，坚决贯彻中央打赢脱贫攻坚战的决策部署和党的十九大精神，全面落实习近平总书记关于扶贫工作重要论述和视察重庆重要讲话精神，牢固树立"四个意识"，坚持把脱贫攻坚作为头等大事和第一民生工程。随着重庆市脱贫攻坚工作逐渐取得显著成效，重庆市市委市政府在各个深度贫困区县逐渐开始退出摘帽时，就明确了摘帽县后续的工作重点，必须始终坚持巩固脱贫成果，让脱贫攻坚战打得更加牢固扎实。特别是陈敏尔同志也在多次会议和讲话中对重庆市巩固脱贫成果工作进行部署和指导，让重庆市的脱贫攻坚工作始终能够找准方向、走对道路。

一、陈敏尔同志关于巩固脱贫攻坚成果的讲话

自 2017 年 7 月起,陈敏尔同志就在多次讲话中对重庆市的脱贫攻坚工作进行深入、细致的部署,督促各级领导干部要深入贯彻习近平总书记关于扶贫工作重要论述,深学笃用习近平总书记视察重庆重要讲话精神,坚持精准基本方略,让"精准"始终贯彻脱贫攻坚工作始终,确保如期高质量打赢脱贫攻坚战。

随着 18 个贫困县相继脱贫摘帽,对重庆而言,巩固脱贫成果变得尤为重要。陈敏尔同志也越来越关注重庆市在脱贫攻坚工作中对于巩固脱贫成果的安排。如何才能让这些成果稳得住、留得久,成为重庆市后续脱贫攻坚工作必须思考和解决的问题。正如 2019 年 2 月,陈敏尔同志在市管主要领导干部专题研讨班上的强调:"当前,全市脱贫攻坚已进入最为关键的阶段,剩下的都是贫中之贫、坚中之坚,是最难啃的'硬骨头',巩固已有脱贫成果的任务也十分繁重。""要加大产业扶贫工作力度,要提升易地扶贫搬迁精准度实效性,要着力促进生态保护和脱贫双赢,探索生态扶贫有效途径和方式,让

绿水青山带来更多金山银山。"[1]

随后在 2019 年 5 月，陈敏尔同志再次对重庆市巩固脱贫成果的工作进行了强调和部署，他指出："全市各级各部门要把解决'两不愁三保障'突出问题作为推进脱贫攻坚的当务之急、重中之重，对标对表中央要求，集中力量加以解决。思想认识要再深化，坚决防止松劲懈怠、撤摊子、歇歇脚等现象，坚决杜绝转移重心、更换频道等做法。""脱贫攻坚战进入决胜的关键阶段，要提高脱贫质量，严把贫困退出关，把防止返贫摆在重要位置，建立稳定脱贫长效机制。要稳定脱贫政策，做到'四个不摘'。"[2]

脱贫攻坚工作做得好不好，直接决定了下一阶段的乡村振兴工作能否顺利开展。如何让脱贫攻坚成果长期保持，实现与乡村振兴工作的有效衔接，也是陈敏尔同志一直思考的重点。他指出要深入学习贯彻习近平总书记关于"三农"工作重要论述和关于扶贫工作重要论述，深入推进农业农村高质量发展，确保脱贫攻坚战圆满收官，确保农村同步全面建成小康社会。要坚决打赢脱贫

---

[1] 陈敏尔.以高度政治自觉责任担当抓好巡视整改 大力度高质量如期打赢打好脱贫攻坚战.重庆日报，2019-2-27.

[2] 陈敏尔.陈敏尔在全市解决"两不愁三保障"突出问题暨巡视考核整改工作专题会议上强调 深入贯彻习近平总书记重要讲话精神 确保高质量如期完成好脱贫攻坚任务.重庆日报，2019-5-9.

攻坚战，不折不扣完成剩余脱贫任务，抓好中央脱贫攻坚专项巡视"回头看"和成效考核反馈问题整改，建立防止返贫长效机制，促进脱贫攻坚与乡村振兴有机衔接。

在重庆市脱贫攻坚工作进入最关键阶段，陈敏尔同志一直提醒全市各部门要敢于担当、善于作为，实干苦干加油干，奋力夺取脱贫攻坚的全面胜利。面对突如其来的新冠疫情，陈敏尔同志强调："要统筹抓好'战疫'与'战贫'，坚决如期高质量打赢脱贫攻坚战，全市要从六个方面出发，以实干实绩决战决胜脱贫攻坚。一要坚持两手抓两手硬，统筹打好疫情防控阻击战和脱贫攻坚战；二要严格把握标准，持续推动'两不愁三保障'突出问题动态清零；三要扎实开展挂牌督战，全力攻克深度贫困；四要突出问题导向，全面整改脱贫攻坚各类问题；五要注重成果巩固，建立健全稳定脱贫长效机制；六要强化责任担当，推动脱贫攻坚走深走实。"[1]

进入脱贫攻坚战收官时期，陈敏尔同志再次强调："全市上下要进一步提高政治站位，以强烈的政治担当抓好整改落实，以决战决胜的状态彰显责任担当，以善作善成的实效确保小康成色，在大战大考中践行初心使命、交出满意答卷。""要全力抓好收官之年各项工作，

---

1 陈敏尔.统筹抓好"战疫"与"战贫" 坚决如期高质量打赢脱贫攻坚战.重庆日报，2020-3-7.

把短板补得再扎实一些，把基础打得再牢靠一些，夺取脱贫攻坚战全面胜利。深入推进抓党建促脱贫，提升贫困地区基层党组织政治功能和战斗堡垒作用。"[1]

二、脱贫攻坚工作的举措与成效

重庆市在陈敏尔同志的带领下，始终坚持以习近平新时代中国特色社会主义思想为指导，牢牢把握习近平总书记关于扶贫工作的指示和要求，在对习近平总书记关于扶贫工作重要论述进行深入学习和思考的基础上，扎实推进巩固脱贫成果工作。通过这两年的不断探索和实践，重庆市在落实"四不摘"要求、做好"回头看"以及"智志双扶"工作等各个方面取得了显著成果和丰富经验。

习近平总书记在 2019 年 4 月召开的"两不愁三保障"突出问题座谈会上首次提出"四不摘"的要求，明确要求贫困县摘帽后，必须做到"摘帽不摘责任、摘帽不摘政策、摘帽不摘帮扶、摘帽不摘监管"。重庆市作为此次会议的召开地，对习近平总书记的要求有深入的思考和贯彻，深知要想巩固好拓展好脱贫攻坚成果，必须

---

[1] 陈敏尔.抓紧抓实抓好各类问题整改 确保高质量完成脱贫攻坚目标任务.重庆日报，2020-3-24.

把防止返贫摆在更加重要位置,坚持"四个不摘"。因此,重庆市市委市政府提出严格要求,对于已经脱贫的贫困县、贫困村、贫困户,必须全面落实习近平总书记提出的"四不摘"要求。坚持摘帽不摘责任,保持贫困区县党政正职稳定,各级领导干部必须签订巩固成果责任书。坚持摘帽不摘政策,重庆市出台《关于巩固拓展脱贫成果 建立防止返贫机制的实施意见》,深入实施贫困村提升工程,统筹推进贫困区县与非贫困区县、贫困村与非贫困村扶持发展。坚持摘帽不摘帮扶,继续坚持"第一书记"驻村工作制度,市级选派"第一书记"450名,累计选派驻村工作队6583个,在岗驻村干部21314名,结对帮扶干部19.9万人。坚持摘帽不摘监管,健全常态化督查巡查和约谈机制,建立定点联系指导制度,防止转移重心、更换频道。

巩固脱贫成果,必须做好"回头看"工作。在脱贫攻坚工作持续开展的过程中,既要努力往前走,也要不断回头看。只有通过不断开展"回头看"工作,才能更好地把握当前工作的开展状况,明确过去工作存在的问题。重庆市为了更好地巩固脱贫成果,扎实开展了脱贫人口"回头看"和"两摸底一核查"工作,并开发了"回头看"软件管理系统,采集脱贫信息267万余条,将返贫人口和新发生贫困人口及时纳入帮扶,探索建立解决防止贫困的长效机制。通过"回头看"工作的开展,重庆市在 2019 年新识别贫困人口 1112 人，摸排脱贫监测户 7984 户 25838 人、边缘户 10264 户 30128 人，占贫困户的 3.37%，并完善贫困户明白卡和住房、饮水安全标识牌，做到账账相符、账实相符，确保已脱贫人口、未脱贫人口的所有信息都被清晰掌握。除此以外，重庆市还不断深化开展"志智双扶"工作，修订《村民自治章程》《村规民约》，健全红白理事会等群众性自治组织。安排"志智双扶"专项资金 3.2 亿元，开展雨露技工转移就业培训、实用技能及精气神提升培训 8232 期 43 万人次。编印脱贫攻坚典型案例，开展"榜样面对面"典型宣讲 5730 场次、受众 79 万人次，确保贫困群众在脱贫后仍然不忘发展、不忘致富。

巩固脱贫成果的总体部署与成效

在脱贫攻坚工作进入到决战决胜阶段，重庆市始终保持高度警惕，以习近平新时代中国特色社会主义思想为指引，认真学习和贯彻习近平总书记关于扶贫工作的重要论述，紧跟习近平总书记的步伐。自 2019 年起，重庆市全市深入学习习近平总书记关于巩固脱贫成果的重要论述，从建立防贫返贫机制、提高脱贫质量、做好脱贫攻坚与乡村振兴有效衔接等多个方面入手，认真部署重庆市在当前阶段的工作目标和工作方法，确保习近平总书记对脱贫攻坚工作的要求能够在重庆市得到有效落实。

一、巩固脱贫攻坚成果的具体做法与成效

为高质量打赢脱贫攻坚战，进一步提高脱贫质量，有效防止返贫，重庆市深刻领会习近平总书记指出的

"多管齐下提高脱贫质量,巩固脱贫成果,把防止返贫摆在重要位置,探索建立稳定脱贫长效机制"重要指示精神,一手抓贫困人口如期脱贫,一手抓脱贫成果巩固拓展。通过建立积极有效的防贫返贫机制,确保脱贫攻坚工作取得的成果能够得到有效巩固,实现脱贫攻坚与乡村振兴的有效衔接,为未来的乡村振兴工作打下坚实基础。

(一)"六强化五提升"巩固脱贫攻坚成果

1."六强化"巩固贫困户脱贫成果

为了巩固贫困户已经取得的脱贫成果,重庆市从六个方面对贫困户进行强化。

一是强化义务教育保障。通过持续改善贫困地区办学条件,精准落实资助政策,确保已脱贫和未脱贫家庭子女全覆盖持续享受教育保障政策。2019年共安排贫困区县教育资金59.69亿元,落实家庭经济困难学生资助资金52.09亿元、惠及学生450.9万人次。

二是强化基本医疗保障。重庆市各区县深入实施大病集中救治、慢病签约服务、重病兜底保障"三个一批"行动,将已脱贫和未脱贫人口全部纳入基本医疗保险、大病保险和医疗救助等制度保障范围,确保常见病、慢性病能够在区县、乡镇、村三级医疗机构获得及时诊治。通过开展"三个一批"行动,全市因病致贫返贫人

怎样巩固脱贫成果

石柱县中益乡新村新貌

省道 S517 大沙至中益公路，中益乡对外大通道之一

口比建档立卡时减少 16.9 万户。

二是强化住房安全保障。重庆市全市对动态新增的建档立卡贫困户、分散供养特困户、低保户和贫困残疾人家庭等四类重点对象的住房进行全面安全等级鉴定，及时解决贫困户的住房危机。已完成住房安全等级鉴定 84.8 万户、实施四类重点对象危房改造 3.83 万户。

四是强化饮水安全保障。动态掌握农村饮水安全现状，及时消除饮水安全问题，保障农村人口喝上"放心水"，饮水安全达到农村饮水现行标准。2019 年，重庆市所有农村集中供水率达 87%、农村自来水普及率达 80%。

五是强化稳定增收成果。完善新型农业经营主体与

村民在新修的道路上放羊

贫困户联动发展利益联结机制，加强就业失业基础信息动态管理，开展"定向式"技能培训，新增贫困人口就业7.4万人，管好用好7.5万个公益性岗位，建成"扶贫车间"276个。

六是强化基本生活兜底保障。通过完善农村最低生活保障标准动态调整机制，逐步提高农村低保保障水平。通过利用动态调整机制，已将符合条件的22.8万贫困人口纳入低保保障、1.17万贫困人口纳入特困人员救助供养。

2."五提升"巩固贫困村脱贫成果

一是提升贫困村基础设施建设。通过加快推进农村

丰都县三建乡夜力坪村产业扶贫示范基地

交通、水利、电力、通讯等建设，健全建管制度，促进农村基础设施建设以建为主转到建管并重。建设"四好农村路"[1]，实现行政村100%通油路或水泥路、撤并村100%通公路、99.3%的行政村通客运，村民小组通达率、通畅率达到95.3%、74.4%。

二是提升贫困村产业发展水平。通过强化以"山地农业、山地旅游"为主导的特色扶贫产业覆盖带动，共引导2093家龙头企业参与产业扶贫，新增农村"三变"

---

1. "四好农村路"指农村公路建设要因地制宜、以人为本，与优化村镇布局、农村经济发展和广大农民安全便捷出行相适应，要进一步把农村公路建好、管好、护好、运营好。

发展乡村旅游产业

改革[1]试点村99个，健全股份合作、订单帮扶、产品代销等带贫益贫方式，实现有劳动能力、有产业项目的贫困户全覆盖。

三是提升贫困村集体经济水平。加快村级集体经济发展，切实加强农村集体经济组织资金、资产、资源管理，强化对贫困户的利益联结。2019年重庆市全市有集体经营收入的村（农村社区）达6945个、占77.9%，比2018年提高22.2个百分点。

---

1. 农村"三变"改革，即农村资源变资产、资金变股金、农民变股东改革。

黔江推动农村人居环境整治

四是提升贫困村人居环境。扎实推进农村人居环境整治三年行动，加快实施农村"厕所革命"，实现农村人居环境明显改善，村民环境与健康意识普遍增强，实施农村旧房整治，推动农户住房由"住得安全"向"住得舒适"提升。

五是提升贫困村治理水平。持续整顿软弱涣散村党组织，实施农村带头人队伍整体优化提升行动。健全党组织领导的自治、法治、德治相结合的乡村治理体系，全面实施村级事务阳光工程，完善"四议两公开"制度，发挥村民议事会、红白理事会等社会组织作用。开展国家级乡村治理试点示范区县、村镇创建，同步开展市级试点示范。

（二）"三保"联动构筑防贫保障线

重庆市的"三保"联动机制从三个方面来构筑防贫保障线，确保重庆市贫困人口能够顺利脱贫，不返贫。首先，通过分类施策的方式，设立了包括精准脱贫保、产业扶贫保、边缘人群防贫保这三类保险，确保所有类型的贫困户都能被包含到其中。精准脱贫保面向全市所有建档立卡贫困户，产业扶贫保面向18个深度贫困乡镇的建档立卡贫困户，而边缘人群防贫保则是针对农村具有致贫风险的非建档立卡贫困户。通过设计这三类保险，全市所有贫困户都能在面临贫困时有所保障，将他们的致贫风险降到最低。

除了这三种类型保险的建立，重庆市还通过整合多方资源，提升对贫困户的保障能力。重庆市政府与中国人寿保险重庆分公司、中国财产保险公司签订战略合作协议，形成工作合力。同时，按照群众欢迎、机构保本、财力可承受的原则，以群众需求为牵引量身定制保险产品，从保费投入、责任范围、起付标准、计算方式和总体赔付率等方面，持续优化调整保险方案，在全市范围内形成了以市级方案为主、区县优化方案为辅、个别特殊救助为补充的补偿机制。为了提升办事效率，重庆市政府充分预想贫困群众发生保险赔付事宜后可能面临的情况，创新先行赔付机制、快速赔付机制、集中赔付机制，开辟绿色通道，最大限度方便百姓及时保障。

随着脱贫攻坚工作的不断深入发展，重庆市始终根据脱贫工作的重点对保险机制进行调整和优化。截至2019年11月，全市精准脱贫保共承保172.94万人，保费16826.92万元，赔付22.46万件（人）、16971.59万元，赔付率100.86%；产业扶贫保共承保9779户次，保费195.58万元，赔付次数768户次，赔付金额85.22万元，赔付率43.57%；边缘人群防贫保赔付67件次，赔付金额97.52万元，赔付率17.11%。

二、各区县巩固脱贫攻坚成果的做法与成效

随着脱贫攻坚工作的深入开展，越来越多的贫困区县摆脱了贫困，但摘帽并不意味着脱贫攻坚工作就结束了。各个贫困县在摘帽之后，仍然始终坚持习近平总书记对扶贫工作的要求和部署，严格做好巩固脱贫成果工作，确保现有成果实现可持续性发展，让脱贫质量能够实现进一步提高。

（一）武隆：瞄准贫困"边缘户"，做到防贫返贫

武隆区自2016年脱贫摘帽以来，就严格按照习近平总书记对扶贫工作的重要部署，始终不松懈、不放松，将脱贫攻坚的重心从集中合力攻坚转移到了巩固脱贫成果上来，集中力量防止新生贫困和返贫现象发生。

为此，武隆区在实施贫困动态监测的基础上，针对精准识别的"边缘户"，率先研究制定出台了《边缘户管理办法》，并配套相关扶持政策，切实在根源上筑牢防止新生贫困防线。

通过精准识别，武隆建立健全了"边缘户"台账管理体系。根据"走访不漏户、户户见干部"的原则，按照筛查识别对象—入户调查情况—纳入监测范畴—程序识别贫困—退出动态监测等"五步工作法"对"边缘户"进行动态流程监测。并设置了覆盖全区186个行政村的动态监测点，将四类困难农户纳入动态监测的重点，坚持每月监测打表，对致贫趋势进行跟踪预

扶贫干部与贫困户亲切交谈，了解脱贫情况

警和提前干预，建立"一户一档"监测档案。在识别出"边缘户"后，通过精准帮扶，全面落实针对"边缘户"的"一对一"的干部帮扶，确保"边缘户"有人管、有人帮、有人扶。同时，结合领导干部蹲点"促改督战"专项行动，扎实开展"访深贫、促整改、督攻坚"活动，明确"边缘户"帮扶责任人全年入户走访不少于4次，重点聚焦"两不愁三保障"突出问题，协助制定产业规划、激发内生动力、推进政策落实等工作。为了更好地实现对"边缘户"的政策帮扶，武隆区还精准落实了"边缘户"帮扶政策。通过对全区870户2962人的"边缘户"进行数据分析，发现"边缘户"因病导致家庭困难的比例达到了59.3%。对此，武隆区落实3000万元大病医疗救助基金，将心脏病、脑中风、恶性肿瘤、慢性肾衰竭等10种重大疾病纳入了"边缘户"大病医疗救助范围，对自付费用在0.5万元以上的按40%—80%的比例分段救助。同时，武隆区对"边缘户"参加合作医疗保险一档，还给予缴费额70%的补助，实现合作医疗参保率100%。对"边缘户"发展蔬菜、林果、家禽、水产等11类种养殖项目，给予分类补助；对"边缘户"发展产业类项目给予5万元以内的贷款贴息补助，贴息期限最长为2年，保障"边缘户"有资金扶持、有产业支撑，防止新生贫困发生。

武隆区边缘户发展养殖业

（二）秀山：创新扶贫机制，巩固脱贫成果

2017年11月，秀山土家族苗族自治县顺利实现脱贫。为进一步巩固、扩大脱贫成果，秀山始终坚持以精准扶贫统筹区域整体发展，按照"政府主导、群众主体、目标牵引、问题导向、统筹推进、着眼长远"的原则，抓好长效产业、利益联结机制、农村电商产业链三个关键，全面深化脱贫攻坚，持续巩固扩大脱贫成果。

秀山县的富裕村之前并不富裕，甚至是远近闻名的"光棍村"，在2015年脱贫攻坚战打响以来，也终于迎

游客在秀山茶园采茶

来了脱贫致富的希望。由于富裕村的海拔、土壤、气候适合核桃生长，且有过种植核桃的经验，根据县里"一村一品"的发展要求，富裕村便将核桃作为主导产业进行发展。同年，富裕村从四川绵阳引入金土地农林有限公司，利用"公司+专业合作社+农户"的模式，发展了200亩核桃示范林。"随着树龄的增长，经济效益还会再提高。"隘口镇相关负责人介绍，"按目前的市场价计算，3年后富裕村的农户户平收入可达9000元以上。并且随着树龄的增长，盛果后户平收入更有望达到7万元以上。"

除了发展长效产业，秀山县还紧紧围绕"让脱贫产

驻村干部与村民讨论产业发展

业带动贫困户参与，建立更深层次利益联结机制"核心，探索建立了产业带动贫困户的利益联结机制，让贫困户在产业发展中分享到更大的"红利"。积极推广农村土地流转、保底分红新模式；探索实施土地流转保证保险，有效防控土地流转风险，保障农民的根本利益；通过联结机制，实现村有主导产业、户有1—2个增收项目，构建起长期、中期、短期相结合的产业格局。

随着近几年农村电商的发展，秀山积极建立和完善农村电商"五大体系"，在发挥好天猫、淘宝、京东等第三方平台的基础上，云智公司自主研发了新一代农村电商平台"村头",创新了源头农产品视频直销模式,着力提供农村电商一体化解决方案。同时,整合升级"武陵物流云"信息平台,力求促成区域产业融合发展、拉动区域经济增长,实现"重庆领先、西部一流、全国有影响力"的目标。在 2017 年全球电子商务大会发布的《中国电子商务发展报告(2016—2017)》中,中国电子商务协会首次将秀山"互联网·三农"模式列为全国农村电商十大模式之一,秀山也借此进入全国知名农村电商行列。秀山"互联网·三农"农村电商发展模式累计被全国 168 个区县推广运用。

(三)云阳:"两防两促两结合",巩固提升促成果

云阳县在 2017 年顺利实现脱贫摘帽后,创新开展"两防两促两结合"工作,把解决"两不愁三保障"突出问题摆在重要位置,探索建立"定期排查、适时更新、动态管理、限期销号"的长效机制,分级处置、挂单销号,全面巩固脱贫成果、全力提高脱贫质量;始终紧盯已脱贫户防返贫、紧盯边缘户防新增、紧盯未脱贫户促减贫、紧盯困难群体促增收,通过对这四类人群的高度关注,从教育、医疗、产业、就业四个方面对现存问题进行解决,确保脱贫成果稳定持久。

与此同时,云阳县始终坚持"要脱贫靠产业,但产

怎样巩固脱贫成果

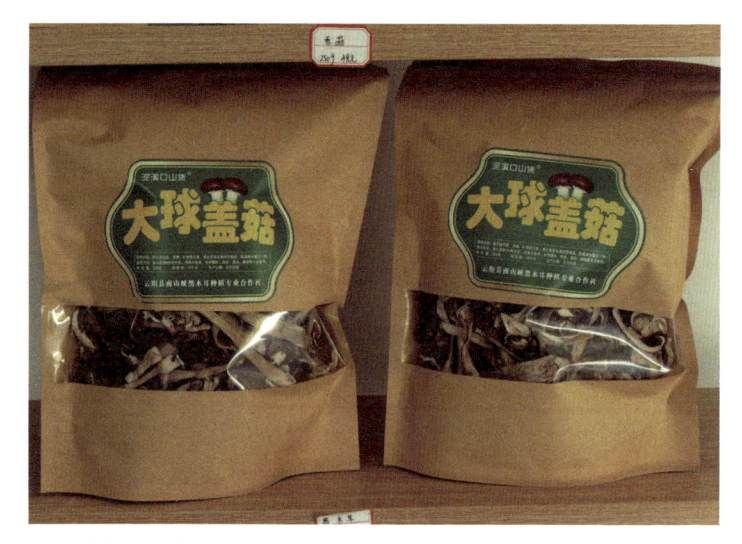

云阳特色产品菌菇

云阳特色产品木耳

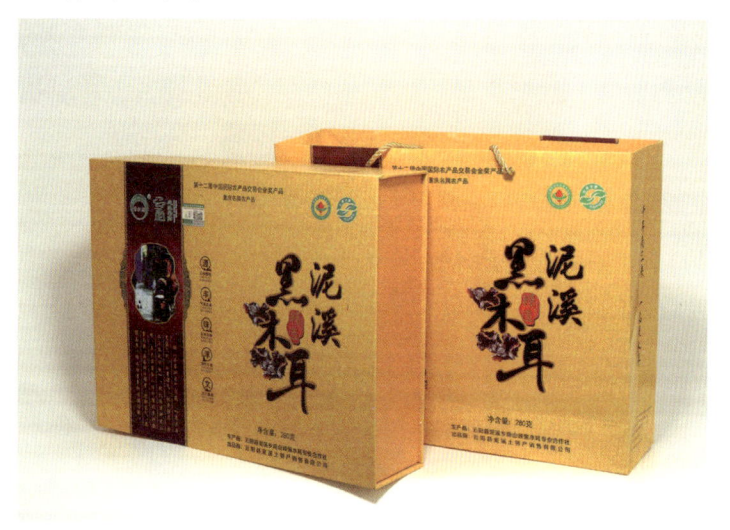

云阳县泥溪社区柑橘产业园

品要卖得出,贫困户的收入才能有保障"的理念。全县利用当前迅速发展的电商产业,积极创新消费扶贫,强化与产业扶贫、电商扶贫等有效衔接,认定了扶贫产品市场主体69个、扶贫产品105个。线下组织"以购代帮""以购助扶""预订预购"行动,各级帮扶单位、帮扶干部助销贫困户农特产品861万元,为打赢脱贫攻坚战注入动力。还通过开展线上"直播带货"消费扶贫行动,真正实现了贫困群众产品变商品,进一步增加了贫困户经济收入。

云阳县还围绕就业、产业、乡村旅游、金融、生态、社会救助兜底保障、"志智双扶"等扶贫专项行动,

云阳县肉猪养殖产业

聚焦深度贫困定点攻坚，建立"1+1"帮扶机制和动态监测帮扶机制，加强疫情影响分析评估，对未脱贫户、脱贫不稳定人口和边缘易致贫人口进行动态监测预警，对可能返贫致贫的及时进行干预，集中力量，攻克"坚中之坚"，夺取脱贫攻坚全面胜利。

第二章·完成"三落实",做好防贫返贫监测和帮扶体系

截至到2020年2月22日，重庆市14个国家扶贫开发工作重点区县和4个市级扶贫开发工作重点区县全部实现脱贫摘帽，为重庆市2020年高质量全面完成脱贫攻坚任务奠定了坚实基础。虽然重庆市贫困县摘帽取得了决定性进展，但巩固脱贫工作仍不能放松。要时刻谨记习近平总书记在参加甘肃代表团审议时提到的"贫困县摘帽后，也不能马上撤摊子、甩包袱、歇歇脚，要继续完成剩余贫困人口脱贫问题，做到摘帽不摘责任、摘帽不摘政策、摘帽不摘帮扶、摘帽不摘监管"[1]。贯彻落实习近平总书记"多管齐下提高脱贫质量，巩固脱贫成果，把防止返贫摆在重要位置"重要指示精神，聚焦解决"两不愁三保障"突出问题，进一步做好"三落实"工作，巩固脱贫成果。

---

1 习近平总书记在参加十三届全国人大二次会议甘肃代表团时的讲话，2019年3月7日。

落实好防贫返贫监测和帮扶的责任、政策、工作

巩固脱贫成果一方面要继续进行剩余贫困人口如期脱贫工作，另一方面要做好"两类人群"防贫返贫监测体系。突出脱贫攻坚"三落实"，脱贫、防贫两手抓。

一、"三落实"的具体部署及做法

"三落实"主要指落实责任、落实政策和落实工作。2020年5月7日，重庆市结合本市2019年"两摸底"工作实际，印发了《重庆市扶贫开发领导小组关于建立防止返贫监测和帮扶机制的实施意见》（渝扶组发〔2020〕10号）（以下简称为《意见》）。《意见》表示，要坚持提前预防与精准帮扶相结合、开发式帮扶与保障性措施相结合、政府主导与社会参与相结合、外部帮扶与群众自

我发展相结合的原则，统筹政府、市场和社会资源，建立防止返贫监测和帮扶机制，巩固脱贫成果，确保高质量全面打赢脱贫攻坚战。[1]

（一）以上率下作则，推动责任落实

首先是深入学习习近平总书记关于扶贫工作重要论述和重要讲话精神。2020年陈敏尔同志和唐良智同志在召开的市委常委会会议、市政府常务会议、市政府党组会议、市扶贫开发领导小组会议等会议上带领党员干部们深入学习研究习近平总书记扶贫论述和讲话精神，第一时间传达学习贯彻习近平总书记在决战决胜脱贫攻坚座谈会上重要讲话精神，在全国"两会"和在陕西、山西考察时关于脱贫攻坚系列重要指示精神，推动脱贫攻坚工作中贯彻执行习近平总书记讲话精神、党中央国务院部署和国务院扶贫办工作要求，从思想上扛起脱贫攻坚政治责任。

其次是落实各级责任。陈敏尔同志和唐良智同志带头履行"双组长"（即区县委书记和区县长双组长制）职责，亲自抓、具体抓、深入抓。陈敏尔同志到贫困县随访暗访，唐良智同志就易地扶贫搬迁问题进行整改。市

---

1. 重庆市扶贫开发领导小组.重庆市扶贫开发领导小组关于建立防止返贫监测和帮扶机制的实施意见.[2020-05-07].http://fpb.cq.gov.cn/zwgk_231/fdzdgknr/zylyxxgk/202005/t20200507_7300559.html.

委常委、市政府党组带头召开脱贫攻坚专项巡视"回头看"专题民主生活会，做到真反思、真负责、真整改。市委常委和市有关领导深入18个贫困区县和深度贫困乡镇开展"定点攻坚"行动，蹲点调研、指导督促、包干推动脱贫攻坚工作，市政府召开"一区两群"[1]3个片区脱贫攻坚工作现场推进会，分级分类部署推动脱贫攻坚工作。组织开展脱贫攻坚政策业务培训，市级通过视频等多种形式培训扶贫干部，各级党组织书记开展遍访行动。贫困区县以脱贫攻坚统揽经济社会发展全局，签订责任书，开展脱贫攻坚专项述职，攻坚责任全面压紧扣实，形成了"市级统筹、区县负责、乡镇落实"的管理机制，以上率下推动脱贫攻坚责任落实。

最后是市场社会联动，充分发挥市场和社会的作用。《意见》强调，要坚持政府主导与社会参与相结合。充分发挥政府、市场和社会的作用，强化政府责任，引导市场、社会协同发力，坚持"政府引导、市场主导、社会参与、互利共赢"的原则，鼓励先富帮后富、守望相助，形成防止致贫返贫的工作合力。重庆市健康扶贫便是通过市场社会联动，通过引入商业保险、搭建帮扶

---

1. "一区两群"，即由都市功能核心区、都市功能拓展区和城市发展新区构成大都市区；由渝东北生态涵养发展区11个区县的城镇，构成以万州为中心城市的渝东北城镇群；由渝东南生态保护发展区6个区县的城镇，构成以黔江为中心城市的渝东南城镇群。

平台、落实激励政策等方式,打通市场主体、社会力量参与健康扶贫的渠道,形成政府救助、企业赞助、爱心资助"三位一体"的健康扶贫格局。消费扶贫方面,中国社会扶贫网、市扶贫办、重庆村头科技发展有限公司三方开展战略合作打造了"重庆馆"消费平台。重庆馆是贫困地区扶贫产品线上展销、物流跟踪、在线支付、数据统计、监测评价一站式综合服务平台,是重庆市消费扶贫工作的产品展销平台、数据统计平台、监测评价平台。2020年8月3日,重庆馆正式上线运行,建立了PC端、移动端和微信公众号,实现了贫困户自产适网产品线上销售,及贫困户自产非适网产品线上信息发布及帮扶对接。

2020年9月14日,中国社会扶贫网消费扶贫重庆馆线上销售总额突破千万元大关

（二）精准精细治理，推动政策落实

首先是运用扶贫数据动态管理系统，将提前预防与精准帮扶相结合。重庆市建立了"渝扶贫 APP"精准扶贫大数据平台，将扶贫数据与公安、民政、住建、房管等部门的数据比对，实现了扶贫数据互通共享，推动了扶贫信息综合平台建设管理。它是利用"全国扶贫开发信息系统"对监测对象开展识别、帮扶和人口的自然变更（含自然增加、自然减少）等"有进有出"的一种管理模式。同时提前把存在返贫致贫风险的人口纳入贫困动态监测范围和跟踪管理机制，并对重庆市各区县开展致贫趋势预警，对脱贫人口、边缘人口提前实施针对性的干预帮扶措施。一旦出现返贫和新致贫人口，及时纳入建档立卡，落实扶贫政策，实施精准帮扶，筑牢返贫防线。同时完善特殊困难"临界对象"档外台账，及时跟进落实有针对性的帮扶措施。重庆市实施了脱贫对象台账管理、分类监测的方法，督促各区县把巩固脱贫成果作为硬任务，确保脱贫不脱政策、脱贫不脱帮扶。

其次是因人因户精准施策，使开发式帮扶与保障性措施相结合。对有劳动能力的监测对象，采取开发式帮扶措施。主要通过支持发展产业和帮助转移就业实现稳定脱贫。发展产业主要依靠加强生产经营技能培训，提供扶贫小额信贷支持，动员龙头企业、专业合作社、贫困村创业致富带头人等方式带动其发展生产。2019 年重庆市强化了"山地农业、山地旅游"为主导的特色扶贫产业覆盖带动，引导了2093家龙头企业参与产业扶贫，并在455个村开展集体经济发展试点。通过健全股份合作、订单帮扶、产品代销等带贫益贫方式，实现有劳动能力、有产业项目的贫困户全覆盖。就业方面主要依靠加强劳动技能培训，通过劳务扶贫协作、扶贫车间建设等帮助其转移就业。统筹利用公益岗位，多渠道积极安置监测对象，鼓励监测对象参与农村项目建设。重庆市建立了贫困劳动力就业信息实名制动态数据库，开展"定向式"技能培训；对无劳动能力的监测对象，进一步强化低保、

丰都三建乡风景

医疗、养老保险和特困人员救助等综合性社会保障措施，确保应保尽保。重庆市建立的"三保"联动保险扶贫防贫机制，为所有贫困人口购买"精准脱贫保"，为深度贫困乡镇有产业项目的贫困户量身定制"产业扶贫保"，为农村边缘人口购买"防贫返贫保"，从健康、产业、财产等方面构建防止返贫致贫风险保障机制。

最后，抓好政策落实工作。一是入户排查要做到实事求是、客观公正、坚持标准，严格按照认定的程序和标准一户不漏地排查识别出符合条件的监测对象，并做好信息的采集、调查核实的工作。二是做好政策宣讲，

巴南双河口镇旅游风景

给贫困群众耐心地讲解防止返贫监测、预警和帮扶机制的各项政策，特别是要做好非监测对象群众的思想工作。对于群众的咨询，要积极地回应，耐心地解释，防止贫困群众误解，把小事变大，产生社会的矛盾。三是进行实地核查，主要核实监测家庭的收入情况、生产生活条件，特别是要核实教育、医疗、住房和安全饮水的实际情况。高度关注因病、因残、因灾、因新冠肺炎疫情影响造成的收入骤减或者是支出大幅增加的家庭情况，以及低保户、五保户、临时救助人口高度残疾人口的家庭状况。通过综合分析研判，及时发现可能返贫致贫的困难群众。四是落实帮扶措施，对已经纳入到脱贫不稳定户和边缘户，根据家庭的情况、实际需求以及致贫风险等，因户因人开展精准帮扶，要利用好产业就业、综合保障、扶志扶智和防贫保险等各项帮扶政策，持续抓好各项帮扶措施的落实到位。五是完善后续跟踪监测。乡村干部要持续跟踪监测帮扶措施的落实情况，掌握家庭成员的收入和生产生活的变化情况，以及评估帮扶措施的效果，确保彻底消除致贫和返贫的风险。按照程序在相关系统中进行标注销号，对于已经清除各类风险的边缘户，可以不再进行帮扶。

（三）强化督查整改，推动工作落实

首先是完成中央脱贫攻坚专项巡视"回头看"和国

家脱贫攻坚成效考核反馈问题整改。巩固提升中央脱贫攻坚专项巡视"回头看"、国家脱贫攻坚成效考核、"不忘初心、牢记使命"主题教育等整改成果。针对国家脱贫攻坚普查、国家和市级2020年脱贫攻坚专项督查、国家和市级扶贫审计、国家媒体暗访、"百日大会战"、第三方暗访抽查等发现的问题,事项化、清单化抓好整改。对已完成整改的进行核查验收,未彻底整改的抓紧落实。

其次是组织开展市级脱贫攻坚专项调查,从市级改起、从市领导做起,严格落实"领导小组+专项小组+定点包干"整改工作责任体系。2019年重庆市成立了陈敏尔同志任组长的整改工作领导小组和11个专项小组,召开整改领导小组会议10次、专项小组会议60余次。市委分两轮对46个单位脱贫攻坚工作进行巡视,区县巡察基层党组织861个。组建16个由正厅局级干部任组长的常态化督查巡查组,实施全覆盖扶贫专项审计。市纪委监委设立第八纪检监察室专司以脱贫攻坚为重点的民生监督工作,从而建立了发现问题、解决问题的工作机制,形成市领导带头、市级部门扛责、区县党委政府主抓的工作格局。

再次是进行建档立卡数据质量专项评估,按照国务院扶贫办要求,委托第三方对建档立卡数据质量开展专项评估。2020年10月27日重庆市扶贫开发办公室在中国政府采购网上发布了深度贫困乡镇脱贫攻坚工作第三方现场评估（20C01528）公开招标公告。通过第三方评估与部门对账、集中考核与平时工作相结合的考评机制，围绕建档立卡户基础信息、帮扶措施、政策落实等情况，对脱贫攻坚战以来"全国扶贫开发信息系统"的各项数据进行全面梳理、比对、核实、补充、修正，防止数据逻辑错误、遗漏差错、弄虚作假。提高脱贫攻坚在经济社会发展实绩考核中的权重，以最严格的考评确保脱贫质量过硬。另一方面，推动自查促进问题清零，围绕县级交叉检查和市级专项督导发现的问题，举一反三整改清零，确保"零问题"迎接脱贫攻坚普查。

最后是对在历次中央和市级巡视，国家和市级考核、审计、督查等检查中发现问题、整改落实，进行"回头看"。与"不忘初心、牢记使命"主题教育、新冠肺炎疫情带来影响一体研究、部署、整改，提升脱贫质量。一方面是制定建立整改工作信息平台，动态跟踪、监测、验证整改工作进展；另一方面是强化举一反三彻底整改，对照专项巡视"回头看"和成效考核指出其他省（区、市）的问题举一反三、逐项检视，确保所有问题全面彻底整改。各区县对照其他区县的问题全面整改，市级相关部门既要整改本部门的问题，也要指导督促各区县整改行业扶贫有关问题，坚持既整改解决具体问题，更建立长效机制，以高质量整改推动高质量脱贫。

二、各区县"三落实"的部署及做法

重庆市有18个深度贫困区县,此处选择了国家级贫困区县巫山、开州、武隆,市级重点贫困区县忠县,以及非贫困区渝北区为代表阐述重庆市区县"三落实"的部署及具体做法。

(一)巫山县:夯实"三落实",推动工作精准落地

巫山县于2017年顺利实现国家重点贫困县退出,通过深入学习习近平总书记扶贫论述和讲话、按照"四个不摘"要求、以中央脱贫攻坚专项巡视和各类考核检查反馈问题整改为契机,聚焦"三落实",全面解决"两不愁三保障"突出问题,不断巩固提升脱贫成效。

首先是持续深化责任落实。在确立责任上,以县扶贫开发领导小组的县委书记、县长双组长制实行定点包干,对全县所有村实现走访全覆盖,各乡镇(街道)党委(党工委)书记、村党支部书记遍访贫困户;在压实责任上,保障党政正职人员稳定,由县委、县政府与乡镇(街道)签订年度目标责任书和贫困对象动态调整承诺书;在能力提升上,对全县扶贫干部进行能力培训;在正向激励上,提拔重用在脱贫攻坚工作中表现突出的干部,选派乡镇、部门优秀年轻干部挂职乡镇党委委员;在监督检查上,持续深入开展"作风建设年"活动,推

进督察工作常态化。

其次是持续深化政策落实。在持续完善工作机制上，在落实"1+6+11"政策体系的基础上指导督促各乡镇（街道）逐户排查，确保所有政策全面落地；在易地扶贫搬迁上，充分整合易地扶贫搬迁、农村危房改造、宅基地复垦等政策，持续推进农村危房改造工作，并加大公共服务、产业培育、就业帮扶等搬迁人口后续帮扶工作，改善生产生活条件；在持续推动产业扶贫上，建立扶贫产业管护长效机制，完善贫困户利益联结机制，如脆李、柑橘、核桃、中药材、烤烟等农作物收益良好，乡村旅游、电子商务、光伏发电等创收项目也带来了巨大收益；在扶贫小额信贷上，提高扶贫小额信贷政策知晓度和满意度，提高贫困群众获贷覆盖面；在就业扶贫上，2019年稳定劳务输出18万人（其中贫困劳动力3.8万人以上），并通过开发公益性岗位保障贫困劳动力就业；在制度衔接上，强化贫困户与低保户政策衔接，完善低保兜底动态管理机制，做到应保尽保。

最后是持续深化工作落实。在彻底整改问题上，中央巡视整改信息管理平台涉及到的问题全部整改销号，国家成效考核、市级成效考核、市委专项督查反馈的问题均整改完成并健全完善长效制度；在东西扶贫协作上，烟台与巫山创新实施"政府援助、产业扶持、人力资源、企业合作、旅游融合"的"链条式"扶贫协作，实现两地资源共享、优势互补、合作共赢，2019年9月20日，全市东西扶贫协作现场会在巫山成功召开；在中央定点帮扶上，和三峡集团有序推进风力发电项目及长江大保护项目；在致富带头人培育上，通过培育致富带头人和认定扶贫示范车间带动贫困户就业；在资金使用绩效上，2019年整合各类资金6.23亿元，实施"两不愁三保障"项目420个；在深度贫困乡镇上，县级统筹脱贫攻坚相关资金、项目、政策优先安排，形成万亩脆李、万亩蔬菜、万亩干果的"3+N"生态农业体系；在信访舆情处置上，在规定的时间内办结市级及以上扶贫领域信访；在资金

东西部扶贫劳务协作成立枣庄创业大学丰都分校

开州区大进镇村民正在采茶

监管上，推进"三账一表"[1]监管系统建设；在社会扶贫网推广上，组建县、乡、村三级信息管理员队伍；在"志智双扶"上，创新方式方法，激发贫困群众脱贫内生动力。

（二）开州区：提高政治站位，持续推进脱贫攻坚"三落实"

开州区于2017年成功退出国家扶贫开发重点县。开

---

1. "三账一表"，即区级主管部门项目台账、实施业务单位项目台账、建设地点项目台账和扶贫项目资金明细表。

开州区大进镇贫困户写下心愿

州区贯彻中央和市委、市政府决策部署,坚持以脱贫攻坚统揽经济社会发展全局,坚持"四不摘"、做到"五不减",切实整改各级各类监督检查反馈问题、解决"两不愁三保障"突出问题、精准兑现各类扶贫政策措施,脱贫攻坚工作取得良好成效。

首先是责任落实方面。一是严格落实"五级书记抓扶贫""双组长制""一把手"责任制,明确责任到人,

开州区大进镇村民在挑选红薯

落实"六大责任体系"[1];二是召开各项会议研究部署脱贫攻坚工作,做到每周有总结、有调度,每月有部署,使得各项工作协调推进;三是整合优化扶贫工作力量,派出优秀干部驻村,稳定驻村工作队人员结构,再由区级领导领战督战、行业部门配合、镇乡街道全力推进、帮扶干部落实、社会各界广泛参与,形成全社会共同出力的攻坚决战良好格局。

---

1. "六大责任体系",包括扶贫工作团团长定点包干责任、行业扶贫分管区领导责任、行业部门牵头落实责任、乡镇党委政府主体责任、镇乡街道班子成员包村(片)责任、驻村工作队和村"两委"直接责任。

其次是政策落实方面。深入贯彻精准方略完成减贫任务，同时落实"两不愁三保障"要求，通过整合资金，实施饮水、住房、产业等扶贫项目完善基础设施建设。发展特色高效农业，对产业、就业进行金融支持，落实扶贫政策，使得贫困群众获得感明显增强，贫困地区生产生活条件进一步改善。

最后是工作落实到位。开州区坚持以问题为导向，以中央脱贫攻坚专项巡视和国家成效考核反馈问题整改为主线，实行"领导小组＋专项小组＋定点包干"责任制，制定问题、任务、责任"三张清单"，对照清单逐项整改并举一反三，达到标本兼治。同时健全完善财政扶贫资金监督管理等相关制度35项，有效防止问题重复出现。

（三）武隆区：以整改促巩固，脱贫攻坚取得阶段性成效

武隆区于2016年退出国家重点扶贫开发县。2019年，武隆区始终坚持以脱贫攻坚工作统揽经济社会发展全局，以全面解决"两不愁三保障"突出问题为抓手，认真抓好抓实中央专项巡视和扶贫成效考核反馈问题整改，在巩固脱贫攻坚成果的基础上，脱贫攻坚各项工作取得了阶段性成效。

首先是责任落实。坚持把打赢打好脱贫攻坚战作为

武隆区后坪乡游客在拍照

第一位的政治任务和第一位的民生工程。其一深入学习培训脱贫攻坚知识，坚持党建引领脱贫攻坚工作；其二强化组织领导，通过"五级书记抓扶贫""区县抓落实""四不摘"和扶贫开发领导小组"双组长制"的工作机制，推动区委书记、乡镇党委书记、村级党组织书记遍访贫困村、贫困户；其三层层压实责任，进一步明确乡镇（街道）脱贫攻坚主体责任、区级行业主管部门监管和指导责任、区纪检监察机关脱贫攻坚监督责任、扶贫集团成员单位结对帮扶责任；其四强化结对帮扶，确保27个乡镇（街道）、75个贫困村、所有建档立卡贫困

武隆区后坪乡农特产品展示

户都有相应的帮扶责任人、责任单位。

其次是政策落实。制定到村到户扶持政策体系，确保扶贫政策家喻户晓。旅游扶贫方面，因地制宜发展乡村旅游，开发特色项目；交通扶贫方面，优化"四好农村路"项目；产业扶贫方面，组建产业扶贫技术指导组，建立扶贫产业基地；电商扶贫方面，招引和培育较大型电商企业、网商，打造电商示范点；就业扶贫方面，开展"雨露技工"培训、创业培训，通过公益岗位解决贫困人口就业，同时开展贫困村致富带头人培育；"两项

武隆区后坪乡
蜂蜜基地

制度"衔接[1]方面，持续推动农村最低生活保障对象纳入；涉贫舆情处置方面，对扶贫领域信访案件在期限内办结，并保证信访群众满意度达到100%；社会扶贫网方面，成立"中国社会扶贫网"推广工作领导小组，制定推进工作方案。

1. "两项制度"衔接，即实现农村最低生活保障制度（低保）和开发式扶贫政策制度的有效衔接。

武隆区后坪乡蔬菜基地

最后是工作落实。全区扶贫项目组织实施情况方面，2019年全区脱贫攻坚项目库备案项目达616个，资金量6.7亿元，推动基础设施项目、扶贫产业项目、生活条件改善项目、其他项目开工完工；建档立卡识别退出动态调整情况方面，按照"算收入、分类别、找差距、稳保障、讲程序、重比对"等六个方面进行精准识别，执行"一评议一审核一比对"的评议程序，精准识别脱贫监测户、边缘户；扶贫信息系统数据质量情况方面，根据国务院扶贫办下发的100余项数据规则，设计校验与查询公式，实现每天通报更新。每周对"全国扶贫开发信息系统"中的数据质量进行审核比对，逐条核实修改疑似错误信息，确保贫困户档案信息准确无误。

（四）忠县：狠抓"三落实"，全力巩固脱贫摘帽成果

2016年，忠县退出市级重点贫困县。忠县围绕"高质量发展年"主题，按照"思想不松懈、工作不松劲、要求不降低"的要求，强化"六个精准"，全面统筹，精准施策，聚焦聚力开展脱贫攻坚工作，全力巩固脱贫攻坚成果，提高脱贫质量。

首先是提高政治站位，确保各方"责任落实"。其一做到深入学习习近平总书记关于扶贫工作重要论述，第一时间传达学习习近平总书记的重要讲话精神，切实把习近平总书记的重要论述转化为打赢打好脱贫攻坚战的

忠县黄金镇村民正在打包脆李

思想武器和科学方法。其二压实政治责任,明确县委县政府、各县级部门和机关企事业单位,以及县委书记、市管领导、乡镇(街道)党(工)委书记、村党支部书记等各级部门和人员的具体责任,并优化考核评价体系,实行县级部门与所帮扶的乡镇(街道)"捆绑"考核。其三强化扶贫领域作风问题专项整治,通过"背靠背"督查、"面对面"指导、"点对点"通报、"一对一"约谈等方式严肃执纪问责;另一方面,突出"四个统筹"抓实攻坚工作:抓好工作统筹,把脱贫攻坚与县域经济发展、乡村振兴、城镇化建设衔接起来统筹推进;抓好资源统筹,制定了《忠县涉农资金整合管理使用办法》;抓好力量统

忠县黄金镇红李采摘节

忠县黄金镇贫困户写下自己心愿

筹，压实县级帮扶集团、驻村工作队帮扶责任；抓好扶持对象统筹，协调推进脱贫户与未脱贫户、贫困村与非贫困村、一般贫困户与特殊困难户的扶贫脱贫工作。其四狠抓党建促脱贫攻坚，抓班子、强队伍、转作风，加强贫困村基层党组织建设，整顿后进党组织。

其次是坚持发展为要，确保各项"政策落实"。其一紧扣产业增收抓脱贫，大力发展柑橘、笋竹等现代山地特色高效农业和生猪养殖一体化项目，促进三大产业形成循环经济链；采取"合作社＋产业基地＋贫困户"等模式，确保在家有劳动能力的贫困户都有骨干增收产业，建立产业发展与贫困户增收的利益联结机制，同时打造忠县公用

忠县黄金镇蜜桃销售点

品牌,开展农特产品促销活动。其二紧扣乡村振兴抓脱贫,坚持把脱贫攻坚作为实施乡村振兴战略的优先任务,以美丽乡村建设带动贫困群众脱贫致富,将忠县三峡橘乡打造成国家级田园综合体,并将其建设成为现代农业产业园区的重要载体和脱贫攻坚展示平台。其三紧扣民生保障抓脱贫,落实好易地扶贫搬迁政策、金融扶贫政策、就业扶贫政策和"两项制度"有效衔接等保障政策。

最后是加强监督管理,确保各项"工作落实"。其一强化扶贫对象动态管理,实行六部门会审制,确保扶贫对象精准识别精准退出,完善扶贫对象动态调整管理;其二强化扶贫资金项目监管,完善脱贫攻坚项目库建设，建立专户存储、专账核算、专人管理制度以及公告公示、资金整合和资金使用监督的"三专一制一整合一监审"管理模式；其三强化社会扶贫等工作，广泛动员社会力量参与扶贫，构建专项扶贫、行业扶贫和社会扶贫"三位一体"的大扶贫格局，大力宣传全市优秀扶贫干部事迹，用典型事迹教育和引导贫困群众，同时，进一步加强涉贫舆情监控力度。

（五）渝北区：切实推动"三落实"

渝北区把脱贫攻坚作为全面建成小康社会必须完成的硬任务摆在突出位置，坚决扛起政治责任、落实精准

渝北区木耳镇经果林栽培与营销特色培训课现场

方略、完善政策举措，推动脱贫攻坚工作取得了阶段性成效。

首先是责任落实，严格落实脱贫攻坚"双组长制"，由区委书记带头走访全区已脱贫摘帽村和扶贫重点村，以上率下推动五级书记抓扶贫；深入开展"访深贫、促整改、督攻坚"活动，组织走访农户帮助其解决问题；优化年度经济社会发展实绩考核指标体系，增加"脱贫攻坚成效"和"精准脱贫攻坚战"两项指标分数，将责任落实到各个主体，最后落实到个人。

其次是政策落实，大力推进产业扶贫和扶贫小额信贷。围绕柑橘、特色水果、绿色蔬菜等 3 个扶贫主导产

渝北区开发的综合协管公益岗向群众宣传推广配方施肥

渝北区工作人员送人社扶贫政策到农家

业项目，为每个贫困户至少选准 1 个致富产业；推进就业扶贫，组织贫困人员参加职业培训，开发农村公益性岗位；同时健全社保体系，实现贫困人员 100% 参加基本养老保险。

最后是工作落实，精准安排脱贫项目。一是全力改善农村基础设施，包括道路建设，保障贫困户和贫困村所需的人行步道、通组公路，完成"四好农村路"；改造农村电网，覆盖 4G 通信和光纤。二是积极开展消费扶贫，鼓励结对帮扶单位、帮扶干部采取"以购代捐""以买代帮"等方式开展帮扶。

各区县落实防贫返贫监测和帮扶体系的重点

虽然重庆市出台了《重庆市扶贫开发领导小组关于建立防止返贫监测和帮扶机制的实施意见》（渝扶组发〔2020〕10号）和《重庆市扶贫对象动态管理办法》（渝文备〔2018〕1172号），提出了一系列工作的基本原则、识别方法、监测方法，但是各区县巩固脱贫成果的形势与难点各有差异，在脱贫摘帽后巩固拓展脱贫攻坚成果的方式也不一致，如何进行防贫返贫监测和帮扶有其不同的侧重点。此处以巫山县、武隆区、奉节县、丰都县和黔江区为代表，从农产业发展、旅游扶贫、消费扶贫、就业扶贫以及驻村帮扶队五方面阐述重庆市各区县是如何落实防贫返贫监测与帮扶体系的。

一、巫山县：以特色农产业发展模式带动防贫返贫

巫山县于 2017 年退出国家扶贫重点县。2020 年相继出台了《巫山县"边缘户"扶持工作实施方案》(巫山扶贫组发〔2020〕5 号)、《巫山县建立防止返贫监测和帮扶机制实施方案》(巫山扶贫组发〔2020〕13 号) 等政策文件，提出通过"八大政策"做好"边缘户"扶持，八大政策包括产业扶持、就业转移、教育保障、医疗保障、住房保障、贷款贴息、结对帮扶和政策倾斜；以及"六大举措"强化"监测户"帮扶，六大举措包括产业帮扶、就业帮扶、综合保障、临时救助、扶志扶智和社会力量，强化动态监测确保帮扶落到实处。根据致贫（返贫）风险（原因），各乡镇（街道）针对性制定帮扶措施报县扶贫办备案，并在"渝扶贫 APP"据实录入帮扶措施和帮扶成效，进行动态监测。

在制定相应方案后结合巫山县实际，探索创新防贫帮扶机制。通过特色产业带贫益贫，发展"1+3+2"（即山羊＋烤烟、脆李、中药材＋柑橘、核桃）现代高效农业产业格局，以村为单位进行布局，调整农业产业结构。由于巫山立体气候明显，有着丰富的中药材资源。红椿土家族乡便是一个典型，它海拔较高，空气非常好，适宜种植党参、贝母等中药材。该乡便以此为切入点谋划了

"旅游搭台、林药唱戏"的发展思路,并尝试发展"农家乐"接待游客。如今,乡村旅游更是带火了这个"准高原"乡镇,游客也越来越多。巫山县也是秦巴山区纯甜香型代表产区,是湖南中烟集团优质原料生产基地,是全国优质脆李生产基地,还是全市鲜食优质柑橘生产基地。

同时,以"N+贫困户"模式,增强产业发展的可持续性。在脱贫攻坚的过程中引导贫困户与农业企业、合作社等新型经营主体建立紧密的利益联结机制,带领贫困户发展产业,增强贫困户发展的可持续性。例如以"企业+基地+农户"的扶贫模式,提高贫困户组织化程度和风险抵御能力,还与企业、基地建立土地租赁、作价入股、经营权托管、农业订单、技术承包服务、就地务工等经济往来,实现增收脱贫;以"合作社+贫困户"扶贫模式,贫困户可以加入合作社,借助其在购买农资、政策支持、产品销售、种植技术等方面的优势,享受合作社统一种植、管护、技术等服务,增加收益;以"大户+贫困户"扶贫模式,依托大户丰富的种养殖技术经验和产品销售的支持带动周边的贫困农户增收。除此之外还有股权扶贫模式、社会化扶贫模式等,都增加了贫困户收益。

在发展农业产业的同时,将其培育成优质农产品品牌,提升产品价值。巫山县成功培育打造了巫山脆李、巫山庙党、巫山恋橙、川东白山羊、巫山核桃等一大批具有巫山特色的农产品品牌,提升了农产品价值和市场竞争力。借助巫山至烟台、巫山至广州"航线开通",以巫山脆李、巫山恋橙为代表的生态产品在山东、广东持续热销,同时也推动了消费扶贫工作。通过发展特色农业产业模式,形成产业经济良性循环发展,既推动了当地经济增长,又帮助稳定贫困户收入来源、提高贫困户收入,从而有效带动防贫返贫机制建立。

二、武隆区:以全域旅游扶贫带动脱贫巩固成果

武隆区为巩固脱贫成果、防止返贫情况,首先建立了"两不愁三保障"问题排查整改机制,组建专项排查

武隆区后坪乡游客正在游玩

武隆区后坪乡特色活动

工作组对"两不愁三保障"问题开展清理排查,建立"干部排查、村委讨论、乡镇复核、联动整改"的工作机制;其次是持续强化干部结对帮扶工作,编制《如何帮扶建档立卡贫困户操作指南》手册,指导帮扶干部进一步熟悉掌握结对帮扶的具体工作;然后建立全面核查疑似返贫户机制,对未脱贫户和脱贫监测户开展明察暗访,对预脱贫情况和返贫情况开展摸底调查;同时对"边缘户"制定扶持政策,强化对"边缘户"的监测预警,预防新生贫困的发生,扩大"边缘户"医保救助范围,防止因病致贫的发生;最后是强化产业扶贫带贫作用,将产业扶贫即旅游扶贫,作为巩固脱贫攻坚成果的重要措施。

武隆区大山连绵、沟谷纵横，"七山一水两分田"的自然条件让其很难发展规模化、集约化农业种植，农民增收困难。在习近平总书记提出"绿水青山就是金山银山"后，武隆区积极探索如何将特色生态资源转化为脱贫攻坚发展优势。传统发展劣势的背后是自然生态的优势——武隆全区森林覆盖率达64%，近半数土地位于中海拔区域，并且拥有"世界喀斯特博物馆"之誉的天坑群。在保护好"绿水青山"基础上打造全域景区，使"绿水青山"更好地发挥生态效益、经济效益和社会效益。武隆区以仙女山、白马山、芙蓉江、大溪河、桐梓山等主要贫困区域为重心，建设天池苗寨、复兴田园、纤夫院子、堰塘乡村等100个乡村旅游示范村（点），带动约10万人从事涉旅工作实现增收致富，近3万名建档贫困人口脱贫。

武隆区后坪乡旅游风景

武隆区仙女山街道依托天坑群和高山生态，相继获得了"中国南方喀斯特"世界自然遗产、仙女山国家森林公园5A级景区、国家级旅游度假区的荣誉，同时由于其凉爽的气候一跃成为重庆的"避暑后花园"。巨大的客流量带动了当地经济消费，武隆以此为契机将生态旅游、度假与农业、文化、商业等进行深度融合，建设度假区农家乐、家庭旅馆、采摘园设施等推动生态资源产品化。同时不断提升和拓展生态经济价值链，顺应休闲、养生、亲子、四季游热潮，推出一批体验式、沉浸式生态旅游项目。仙女山大景区每年拉动周边乡镇农旅类消费超过5亿元，带动万余人就业。

武隆区通过打造全域旅游景区、旅游商业文化一站式体验，不仅提高了各贫困区域的基础设施建设，也帮

武隆区后坪乡金秋梨采摘园

助当地贫困户、非贫困户增加收入,从而稳定脱贫。另一方面,武隆区通过建设农家乐、民宿等延长产业链,拓展生态经济价值链,从而更好地留住游客,稳定客源,进一步巩固了脱贫成果。

三、奉节县:以消费扶贫助农增收推动防贫帮扶

奉节县于 2019 年 4 月脱贫摘帽,但是全县上下仍然始终保持攻坚状态,攻克深度贫困、巩固脱贫成效。首先聚焦"三落实",将脱贫攻坚任务责任落实到各单位、个人,坚持脱贫攻坚不漏一户不掉一人,精准发力精细绣花。然后开展扶贫对象动态调整和脱贫监测户、边缘户摸底;对照问题整改,对标销号对表清零,建立巩固机制;通过东西扶贫协作、定点扶贫、社会扶贫激发扶贫活力、凝聚力;聚焦深度贫困问题,因地制宜发展产业,完善基础设施建设,并推动资金项目高效高质落实。

"消费扶贫一头连着贫困地区,一头连着市场"。奉节县坚持"政府引导、市场主导、社会参与、互利共赢"原则,加快"三专一平台"[1]建设,充分利用中国社会扶贫

---

1. "三专",指消费扶贫智能专柜、消费扶贫专馆、消费扶贫专区;"一平台",指中国社会扶贫网平台,中国社会扶贫网主要功能是集中展示扶贫产品,对接销售渠道和监测交易数据。

网"重庆馆"、"832"载体效应,大力举办消费扶贫行动,积极动员社会各界参与,既拓宽了农产品流通和销售渠道,助力脱贫攻坚,又有效化解了新冠肺炎疫情影响。

为有利推进消费扶贫,奉节县早谋划、早部署、早培训:提前对农产品逐项摸底登记、对企业产品质量及售后严格把关,使其能更快地得到中国社会扶贫网"重庆馆"、"832"平台产品认定和销售;召开各项会议对消费扶贫进行专题研究,建设消费扶贫专柜、专馆、专区;围绕中国社会扶贫网"重庆馆"上线运营工作,对县级部门、乡镇街道、扶贫企业相关人员进行多次培训。同时联合部门、乡镇、村级三方部署:部门推动参与线上线下消费扶贫活动,乡镇宣传推广、下单采购,村级建立农产品供应链。对销售产品进行抽查认定,保证产品质量,对入驻的企业实行动态管理。营造全民参与的社会氛围,与电商结合丰富销售活动,搭建产销对接、产品供给机制。

2020年10月,奉节县开展了"平安有礼 筑梦小康"消费扶贫活动。活动现场有来自全县各乡镇近300种农特产品,腊肉、香猪肉、腊舌、香肠、土蜂蜜、辣椒酱、布鞋等,这些优质农特产品都受到了消费者的青睐。通过平台的展示也让更多消费者了解了当地农特产品。

2020年11月,奉节县商务委员会、奉节县文化和旅游发展委员会在洪崖洞景区主办了"'橙'熟洪崖洞"主题消费扶贫推介会。此次活动是奉节县结合脐橙即将成熟上市的时机,巩固脱贫攻坚成果成效的重点工作。主要包含了2020年重庆商圈购物节、2020年(第四届)重庆电商扶贫爱心购活动、"橙"熟洪崖洞主题活动和"购"三峡广场主题活动。以城乡互助的方式,针对重庆主城居民和到重庆旅游的外地人展开营销活动,开拓扶贫产品、特色农产品的销售渠道,助力以奉节脐橙为主的多类奉节特色农产品的精准展销,提高奉节脐橙品牌知名度。

通过开展消费扶贫活动,奉节县扩大了本县特色农产品的知名度,进一步开拓市场,帮助农户销售农产品、增加收入,助力脱贫攻坚。同时,通过监测脱贫户、边缘户状况,及时为其提供针对性帮扶服务,有效建立防贫返贫机制。

四、丰都县:以就业扶贫推动稳定脱贫防止返贫

丰都县于2017年脱贫摘帽,摘帽后继续以脱贫攻坚统揽经济社会发展全局,严格落实"四个不摘"要求,努力巩固脱贫成果、提升脱贫质量。丰都县研究出台了《丰都县健康扶贫提升行动》《丰都县就业扶贫提升行动》等四个专项行动方案,从增加就业、发展产业、提升健康水平和增强自然灾害防治能力四个方面协同推进巩固

丰都县植保无人机培训数名贫困人员

丰都县就业和人才中心组织贫困人员在植保无人机培训班上进行操作练习

第二章·完成"三落实"，做好防贫返贫监测和帮扶体系

079

脱贫成果，有效防止返贫。在增加就业方面，建设扶贫车间，促进就近就业和转移就业，同时鼓励创业，开发公益岗位，提供就业创业培训；在发展产业方面，围绕"一心两极三带"[1]生产力布局，发展山地特色高效农业，构建"1+6+X"[2]扶贫产业体系，同时建立利益联结机制，推广资产收益扶贫、代养收益扶贫、股权化改革等利益联结方式；在提升健康水平方面，针对健康扶贫薄弱环节和未覆盖对象，尤其是边缘户因病致贫返贫问题，保障其基本医疗；在增加自然灾害防治能力方面，针对自然灾害薄弱环节和重大隐患点，着力强化隐患排查整治和监测预警，确保农村人口因灾致贫或因灾返贫率下降。

就业扶贫作为脱贫攻坚的有效途径也能在防贫返贫、巩固脱贫成果上起到相当大的作用。丰都县依托本地区产业优势打造了一批就业门槛低、带贫效果好的"基地型、加工型、共享型"扶贫示范车间，让贫困户实

---

1. "一心"主要是指县城规划区，发展以城市经济为代表的复合经济，成为全县经济的发动机、引擎，重点是研发、教育、金融、保障服务。"两极"是指"南旅北农"两个增长极，南部地区形成一个区域性的旅游地，农业旅游工业互动，成为重要增长极；北部地区主要以现代农业为主体，一、二、三产业融合式发展。"三带"指具体的三条经济带，沿长江经济带主要发展现代农业的展示区，沿龙河经济带主要发展旅游业，沿渠溪河经济带打造一条产业高速路，把整个北部全部带活。

2. "1+6+X"，指大力发展肉牛主导产业，分片区发展榨菜、红心柚、龙眼、烤烟、花椒、有机大米等六大特色优势产业，同时鼓励各乡镇街道发展猕猴桃、黑花生等区域性特色新兴产业。

枣庄企业到丰都成立重庆联贵商业运营管理有限公司

丰都县丰泰箱包缝纫工培训

丰都三建乡旅客正在游玩

现了家门口就业，带动村民就地就近就业致富增收。

加工型扶贫车间主要指由外出务工人员返乡创业创办的丰都县谭小平锡箔加工厂、丰都县高大姐农业开发专业合作社、丰都县汇金辣椒种植专业合作社。通过发展来料加工的"订单式"车间，使技术、资本、人力等相结合，让贫困户在家门口就业，既能照顾家庭，又实现了稳定就业。

共享型车间充分发挥扶贫车间的带贫作用，指导其创新发展模式，让贫困户共享资源、技术、合作、红利。例如"技术指导＋贫困户"模式，汇金辣椒种植专业合作社负责对辣椒种植户进行技术培训。另外还有"专业合作社＋基地＋贫困户"模式、"龙头企业＋合作社＋贫困户"模式、"贫困户入股＋合作社分红＋保护价"模式等。这不仅保障了贫困户提升技能、稳定就业、脱贫增收、防贫返贫，还促进了产业可持续性发展。

通过建设一批扶贫示范车间、鼓励创业、开发公益岗位，丰都县的村民实现了家门口就近就业和转移就业，达到收入稳定增长，有效防止脱贫户再次陷入贫困。同时通过保障基本医疗等措施防止因病致贫和因病返贫，建立防贫返贫安全网。

五、黔江区：以打造驻村帮扶队落实防贫返贫工作

黔江区在推进脱贫攻坚过程中狠抓驻村队伍建设管理，创新"三联三促"工作机制，打造一支实力过硬的驻村队伍，发挥了全区基层党组织力量，推动村集体经济和扶贫产业加快发展，同时拉近了党群干群关系，坚实了党的执政基础。"三联三促"工作包括：

"标准＋精准"联动，以精锐出战促攻城拔寨。首先明确标准择"准"，选派出能为群众服务的最优干部；其次是规范程序保"准"，规范落实党员干部提名、选派审核考察等程序，确保队伍稳定、工作连续；最后是因村派人促"准"，对党建基础薄弱、产业发展滞后、社情

金溪被服扶贫车间工人们正在工作

复杂的村，分别选派党群部门、涉农部门、政法信访部门干部，帮助解决问题。

"导向+取向"联管，以严管厚爱促真情帮扶。首先点燃"想干事"的热情，调动驻村干部的工作热情和工作积极性，坚持把驻村工作作为锻炼干部、选拔干部的重要平台，引导驻村干部全身心投入到扶贫事业；其次是增进"会干事"的能力，分级分类推动驻村干部培训全覆盖，通过印发《黔江区驻村工作队选派管理办法（试行）》，明确其基本职责和具体工作；再次是打牢"能干事"的基础，在物质上保障驻村干部基本待遇，坚持干部作先锋、单位当后盾、领导负总责的驻村工作机制；最后是落实"干成事"的责任，重视群众满意度，实行驻村工作队向派出单位和群众双向专项述职制度，结对帮扶人与群众双向评议的"两述职一评议"制度，确保考准考实。

"内力＋外力"联合，以真抓实干促驻村成效。首先是搭建"桥梁"引入外部生产力，拉动外地投资。例如黔江区与中信集团开展市场化合作，建设三塘盖国际旅游康养项目，打造黔江全域旅游；重庆卫生健康帮扶集团帮扶干部打造了"金溪护工""金溪被服""金溪山货""三金"品牌，帮助金溪镇实现从"输血式"转向"造血式"精准扶贫等。其次是联结"纽带"激发内生原动力，开展"我的扶贫故事、我的脱贫故事、我的创业故事"宣讲活动，通过"微黔江""黔江

金溪被服扶贫车间工人们正在工作

怎样巩固脱贫成果

金溪护工

金溪电商中心

组工"等平台开设"最美扶贫人"专栏,讲述了一系列帮扶干部的扶贫故事,使帮扶干部驻乡村、苦干实干形象深入人心。最后是善当"头雁"凝聚整体战斗力,充分发挥驻村第一书记示范引领作用,积极探索各类党组织结对共建;通过驻村工作队,统筹"雨露计划"、发展新型职业农民,引导一批乡贤带着资金、项目、理念建设家乡、反哺乡邻,培育一批致富带头人带动贫困户创业发展。

黔江区通过"三联三促"的方式打造了一批实力过硬、品格优秀、衷心为民、工作认真的驻村工作队,使帮扶责任、政策、工作得到落实,推动贫困户脱贫的同时对两类人员进行及时监测和管理,有效防止返贫。

黔江小南海镇妇女们正在纺织

第三章·巩固脱贫成果、提高脱贫质量

巩固脱贫成果，归根到底是要让贫困地区、贫困群众能够在摆脱贫困后不返贫，"边缘户"和"易致贫户"不致贫。习近平总书记在2019年于重庆召开解决"两不愁三保障"突出问题座谈会时曾强调，到2020年稳定实现农村贫困人口不愁吃、不愁穿，义务教育、基本医疗、住房安全有保障，是贫困人口脱贫的基本要求和核心指标，直接关系攻坚战质量。接下来的脱贫攻坚工作，必须要多管齐下提高脱贫质量，做到"四不摘"，巩固好脱贫成果，增强脱贫成果的可持续性。习近平总书记的这番论述，在关键时刻为重庆市的脱贫攻坚工作提供了明确的方向和重点。基于对习近平总书记脱贫论述的理解和学习，重庆市紧扣"两不愁三保障"标准，坚定不移聚焦精准，全市及各个区县从产业扶贫、就业扶贫、消费扶贫、易地扶贫搬迁、兜底保障，以及住房、教育、医疗等多个方面，扎实推进扶贫工作，在政策推行的同时强调帮扶成果的延续性和长期性，在收获成果的过程中巩固成果提高质量，让贫困群众能够过上高质量、高品质的幸福生活。

提升稳定增收能力

自脱贫攻坚战打响以来，重庆市就把解决"两不愁三保障"突出问题作为工作重点。通过发展产业扶贫、就业扶贫、社会保障兜底、资产收益增收、消费扶贫带动等方式，让贫困地区、贫困户从根本上实现了不愁吃、不愁穿。随着脱贫攻坚工作的持续推进，重庆市越来越多的深度贫困区县实现了脱贫摘帽。与此同时，重庆市各区县也开始根据习近平总书记对脱贫攻坚工作的要求重新进行深入思考和探索，试图寻找出一条能够巩固拓展现有脱贫成果，实现脱贫成效可持续发展的道路。本节将会通过重庆市部分典型区县的发展案例，展示重庆市在巩固脱贫成果方面的先进做法。

一、提升产业促发展

习近平总书记指出，发展产业是实现脱贫的根本之策，要把发展生产扶贫作为主攻方向，引导和支持所有有劳动能力的人，依靠自己的双手开创美好明天，努力做到户户有增收项目、人人有脱贫门路。脱贫攻坚战打响以来，重庆市始终把产业扶贫作为政治任务，扎实推进特色产业精准扶贫，在实现脱贫摘帽以后，仍然不断探索产业高质量发展的新路径，在巩固现有的产业发展成果的基础上，推动扶贫产业"从有到优"的转变。

重庆市按照"三产融合、农文旅结合、农科教综合"的思路，推进"农业+互联网""农业+文旅"等产业扶贫新模式新业态。在产业成熟发展的基础上，完善农村电商发展模式，实现农产品线上线下销售结合，让小规模、多品种、高品质的农特产品卖上好价钱。抓好农超对接、农商对接，组织贫困地区新型经营主体参加各类产销对接活动，推进农特产品进入京津冀、长三角、粤港澳大湾区等东部交易市场，促进农产品顺畅销售。加大消费扶贫力度，将消费扶贫纳入东西部扶贫协作、中央单位定点扶贫、市级扶贫集团对口帮扶和区县结对帮扶内容，组织引导机关、学校、医院、企事业单位等与贫困地区建立长期稳定的供销关系，深入开展"渝货进山东""十万山东人游重庆"等消费扶贫行动，鼓励民营企业采取"以购代捐""以买代帮"等方式采购贫困地区产品和服务。

（一）巫山："小脆李"成就大产业

雨后，巫山脆李树焕发出别样的青翠。树上指头大的脆李，就像挂着一颗颗雨滴，在阳光的映照下闪闪发亮。2020年5月8日一大早，铜鼓镇龙湾村脆李种植大户葛凡祝就在脆李林里忙碌不停。"现在正是挂果期，要及时疏果，才能让结出来的李子又大又甜。""品质好的脆李能卖上好价钱。"这是葛凡祝多年来种植脆李的经验。作为该村甚至铜鼓镇最早"吃螃蟹"、规模种植脆李的农户，他尝到了一棵果树结出"金果果"的甜头。如今，他种植的170多亩脆李，大部分进入丰产期，2020年的收入在60万元以上。

巫山县在2017年脱贫摘帽以后，持续深入推进当地特色脆李产业的发展，以推动现有产业实现"从有到优"为发展理念，全县从"种好、管好、卖好"三个方面综合施策、持续发力，着力构建产业体系，来确保现有脱贫成果更好地巩固和发展。通过建设优势区域品牌，巫山脆李品牌估值16.28亿元，并荣登全国区域品牌价值50强榜及知名度、好感度10强榜。截至2019年底，全县脆李种植面积达到25万亩，挂果面积达到10.7万亩，脆李产量达到8.7万吨，实现产值13.4亿元。全县共有23个乡镇、220个自然村、5万余农户种植巫山脆李，其中涉及贫困户1.3万余户，占全县贫困户的41.1%。2019年脆李种植户户均收入达到2.68万元，巫山脆李也成为当地产业扶贫和乡村产业振兴的支柱产业。

为了提高巫山脆李的品牌广度，实现脆李产业在未来的长期高质量发展，巫山县先后举办了第16届全国李学术交流会暨第4届全国优质李鉴评会、重庆市水果采收（巫山脆李）农民运动会、中国重庆·巫山脆李产业发展峰会、巫山脆李采摘季等节会，并为巫山脆李统一设计全新的巫山脆李LOGO标识、包装及宣传图报，分别在北京、广州、重庆等地组织开展"巫山脆李·李行天下"全新品牌形象发布、巫山脆李全网营销等系列推荐活动，持续提升品牌影响力。2019年巫山成功申报全国"110"网络扶贫创新活动10个核心示范县，积极利用电商平台扶贫"带货"，巫山脆李实现品牌曝光量超过1.8亿次，成为最受欢迎的山货单品。

为了拓宽销售渠道，巫山县牢牢抓住农村电商发展机会，2019年县内外30余家电商企业、1200余家微商参与脆李销售，网络销售额达到3.35亿元。2019年脆李销售价格同比增幅达30%，最高5斤礼品装巫山脆李网上销售为195元/盒，单价高达39元/斤。2020年，巫山提前谋划脆李销售，宣传策划"优质脆李树网上寻'主人'"预售活动，全县50余家新型农业经营主体、电商企业的45000余株优质脆李树提前找到了"主人"。

一颗颗小小的脆李，让巫山县的贫困群众脱了贫、致了富。巫山脆李产业通过提升种植技术，确保种出来的脆李能够达到高品质标准，同时借助农村电商发展的机会，让小脆李走向大市场，实现了从"种好"到"卖好"的发展和转变。

（二）潼南："小柠檬"带动大发展

潼南作为18个深度贫困地区中首批实现摘帽的贫困区县，产业一直是助推其顺利实现脱贫摘帽的重要路径。潼南柠檬作为重庆市产业发展的一张名片，在2015年潼南顺利实现摘帽以后，仍在被不断地发展和完善，以帮助当地的贫困户和已脱贫户实现脱贫增收致富。

潼南区地处重庆、成都两座国家级中心城市交汇点，是川渝合作门户、成渝经济区枢纽、山水田园智慧之城。潼南区是全市柠檬主产地，全区柠檬种植面积32万亩，年鲜果产量28万吨，产值13亿元，柠檬种植面积和产量均居全市第一。柠檬新型经营主体295家，创建标准柠檬园29个，有国家级龙头企业1家，市级龙头企业3家，区级龙头企业17家。2015年后，潼南区因地制宜，以国家现代农业产业园建设为抓手，围绕"两基地、三中心、四体系、大集群"，坚持园区带动、绿色生产、融合发展、科技兴农、利益联动，形成了集种植、加工、营销、研发于一体的全产业链格局，着力推动柠檬产业高质量发展。

为了更好地实现柠檬产业的发展，潼南区根据柠檬产业发展实际情况，设立了柠檬产业发展站，负责柠檬新技术、新品种的引进推广以及全区柠檬基地建设及相关服务工作。为了确保柠檬产业持续健康快速发展，满足周边区县对柠檬苗木的需求，同时预防、杜绝柠檬危险性病虫害的传播和蔓延，已建成投产全市首个柠檬脱毒种苗繁育中心，每年可培育标准化脱毒容器苗100万株，接穗20万枝，为标准化生产从源头提供保障。潼南还围绕"农业兴、农村美、农民富"的"三农"目标，在产业种植端采取"公司+合作社""公司+合作社+农户""公司+农户土地入股""公司+建卡贫困户""村集体经济"以及"培训新型农民"等多向利益联动的发展模式，将产业发展与乡村振兴有机结合，在带动产业提质增效的同时促进农民脱贫增收。

目前，全区柠檬种植面积32万亩，年鲜果产量28万吨，综合产值32.6亿元，帮助5万余农民脱贫增收致富。潼南已在全国建立7大区域营销中心和近百家直营店，在"线上"搭建"中国柠檬交易网""中国柠檬交易中心""汇达柠檬电商城"，建成阿里巴巴线上营销中心和天猫、淘宝、京东等多个网络销售平台旗舰店，建成阿里巴巴"潼南绿"智慧市场、"潼汇网"电商平台，发展本地经销柠檬的电商主体20余家。2019年完成近200

万单交易，销售金额达到 4000 万元。在产品出口方面，主要销售到中国香港及俄罗斯、印度尼西亚等国，2019 年出口柠檬鲜果 16.45 万吨，出口总值 1.6 亿美元。

（三）涪陵："青疙瘩"变"金疙瘩"，大产业助大扶贫

涪陵是榨菜的起源地，也是享誉世界的"榨菜之乡"。榨菜产业作为涪陵区的支柱产业，一直是全县经济收入的主要来源。在 2015 年脱贫摘帽以后，为了更好巩固脱贫攻坚成果，帮助当地脱贫群众过上高质量、高品质的生活，涪陵区不断探索榨菜产业发展新模式，帮助当地榨菜产业实现持续健康发展。

针对"千家万户的小农户难以应对千变万化的大市场"和"农民的市场履约意识不足"两大现代农业发展难题，2019 年，涪陵区榨菜产业全面推行"龙头企业＋股份合作社＋基地＋农户"的模式，种植订单率达 84.2% 以上，探索建立起"一个保护价、两份保证金、一条利益链"的益贫惠贫机制，让农户及建卡贫困户、合作社和企业从相互博弈走向三方共赢，更让榨菜这项传统产业焕发出新的生机与活力。

涪陵区百胜镇中心村贫困户袁亮，2013 年因父亲患病，加之子女读书被定为建卡贫困户。以前种青菜头收入不稳定，有种过二三亩收入三四千块钱，也有种过十几、

二十亩却倒赔本的时候。直到2019年，袁亮加入了榨菜股份专业合作社，与合作社签订了保护价订单协议，袁亮一下子在村里揽了近30亩地种植青菜头。由于加入了合作社，签订了订单，2020年砍收青菜头近80吨，扣除肥料和雇工成本，单是种植青菜头单季净收入就达4万多元。如今袁亮一家已实现稳定脱贫，成为当地勤劳致富的"小明星"。谈及青菜头，袁亮总是自信满满地笑着说："加入合作社，有了协议就放心了，今年下半年还要种植更多青菜头，扩大规模，争取挣更多的钱。"

　　即使面对突如其来的新冠疫情，涪陵区的青菜头砍收工作也在如火如荼地进行中。"加强青菜头收购和榨菜加工生产期间防控新型冠状病毒感染的肺炎疫情是我们当前的重点工作。"涪陵区榨菜办有关负责人介绍。在疫情期间，全区有关部门和各个乡镇街道纷纷组织人员深入榨菜生产企业、股份合作社、榨菜加工户开展疫情防控宣传，督促严格落实必要防控措施，要求已开秤收购榨菜企业、股份合作社做到从业人员戴口罩、检测体温，售菜车辆及人员消毒登记等基本防护措施。

　　2020年，涪陵区青菜头种植涉及23个乡镇街道60万农民，收砍面积72.71万亩，销售总收入14亿元，带动全区12200余户近70%建卡贫困户种植青菜头，户均纯收入达2160元，较上年增收15%，销售收入达到3000余万元。

二、就业扶贫促增收

为了更好地打赢打好脱贫攻坚战,高质量完成脱贫攻坚工作任务,重庆市各区县始终谨记习近平总书记在决战决胜脱贫攻坚座谈会上的要求,通过发展提升扶贫车间、强化东西部劳务协作、为贫困户提供公益岗位等方式,推动全市就业扶贫工作的发展,让贫困户以及已脱贫户能够通过更加成熟的就业机制,实现高质量、高水平的生活。

(一)丰都:从家门到厂门,"小车间"实现"大扶贫"

丰都县地处三峡库区腹心地带,建档立卡以来总建卡贫困人口7.2万人,贫困人口多、脱贫任务重。自

丰都县就业和人才中心开展月嫂培训

贫困户在扶贫车间工作

2017年脱贫摘帽以后，丰都县继续按照"精准扶贫"的思路，率先开始开展巩固脱贫成果的工作。在原有脱贫成果的基础上，通过依托本地区产业优势、回引农民工返乡创业等方式，积极打造了一批就业门槛低、带贫效果好、辐射效应强的扶贫示范车间，有效促进了贫困群众在家门口就业增收，真正实现了"就业一人、致富一户"的目标。依托地区产业优势，大力发展特色产业基地，通过专业合作社流转土地等方式，打造"基地型"车间，充分发挥产业基地带贫益贫作用。

三合街道童仙寨村发展的1000亩枇杷园，在2018年开始结果,2020年的产量达到100吨，产值200万元。

扶贫干部入户了解贫困户家庭就业情况

摘帽后的这几年，该村把发展新型现代产业作为贫困群众实现脱贫致富的有力载体，村上通过对农户土地租流转、集中连片率先打造枇杷产业园，农户除了每年收土地租金，还可以到枇杷园打季节工，相当于有了两份收入。一组的贫困户刘会玲，家里有两个孩子读书，夫妻二人没有技术，被认定为贫困户，她平时在枇杷园负责除草、修枝、整形、套袋等工作，每个月工资在2000元左右，一年收入2.5万元。

为了充分发挥扶贫车间的带贫作用，实现贫困户顺利脱贫、已脱贫户更好地增收致富，过上高品质的生活，丰都县不断指导车间创新工作模式，让贫困户共享资源、

丰都县汇全辣椒种植专业合作社扶贫车间

共享技术、共享合作、共享红利，多渠道促进建卡贫困人员稳定就业、脱贫增收。通过采用"专业合作社＋基地＋贫困户"的模式，由合作社流转土地，聘用贫困户务工，让贫困户既得土地租金、又得务工薪金；通过采用"龙头企业＋合作社＋贫困户"模式，高大姐农业开发专业合作社与县农投集团深度合作，在全县其他乡镇发展辣椒规模种植，带动当地贫困群众增收；通过采取"技术指导＋贫困户"模式，种植专业合作社负责种植农户的技术培训，在提高质量的同时提升了建卡贫困人员的种植技能；通过采取"贫困户入股＋合作社分红＋保护价"的模式，不断提升贫困人口的共享度、获得感，促进产业持续发展、贫困户稳定增收。

（二）云阳：送工送岗暖人心，转移就业稳致富

为切实帮助贫困群众疫情期间外出务工增加收入，巩固脱贫攻坚成果，进一步深化东西部劳务协作，云阳县人力社保局、扶贫办、发展改革委借助东西部扶贫协作平台，主动与对口帮扶的山东省威海市加强对接，精准收集就业岗位，首批71名贫困劳动力已达成就业合作意向。企业包吃包住，保底工资每月3500元，往返车费全部报销。而且云阳籍贫困劳动力在威海市稳定就业3个月以上的还可领取3800元就业补助，确保贫困劳动力能就业、能发展、能致富。

为了保障外出务工人员的生命安全，避免感染新冠病毒，云阳县人力社保局、扶贫办等有关部门决定为贫困户提供免费专车和飞机，护送他们直达山东威海，做到"出家门上车，下车门进厂"。

来自人和街道千峰村的贫困户项维进，父亲残疾，母亲常年抱病，妹妹还在上学，23岁的他承担起家庭重担。"受疫情影响，正在家里发愁去哪里挣钱，现在给我们提供合适的岗位还专机送我们去上班，保底工资有3500元，政府还有补助，心里担心的石头落地了。""这次坐飞机的机票钱都不用我们出，还安排了工作人员为我们服务，太贴心了！"邹洪群也是此次赴威海就业的贫困人员之一，第一次乘坐飞机的他非常激动，他说到了威海之后要抢抓时间，把耽误的时间抢抓回来，多挣

点钱，早些脱贫致富。

与此同时，云阳县人力社保局还为71名贫困人员准备了一份"务工大礼包"，里面既有面包、牛奶等生活物资，还有口罩、防疫指南等防疫物品。下一步，云阳县还将抓住贫困劳动力集中返工和山东企业需要大量产业工人的有利时机，进一步加大工作力度，按照"六步工作法"（即分组编队、行前提醒、准备物资、出发签到、途中衔接、抵达对接），为贫困劳动力开展"点对点、一站式"服务，提高鲁渝劳务扶贫协作组织化程度，实现云阳贫困劳动力转移就业和山东企业顺利复工复产双赢。

三、消费扶贫探新路

消费扶贫是社会各界通过消费来自贫困地区和贫困人口的产品与服务，帮助贫困人口增收脱贫的一种扶贫方式，是社会力量参与脱贫攻坚的重要途径。近年来，重庆市各个区县纷纷开始探索消费扶贫与产业发展相结合的新路子，确保自己的产品既有高质量又有好销路。通过利用农村电商以及网红直播带货，众多已脱贫区县已经找到了新的发展渠道和方向，实现了对现有脱贫成果更好地巩固和拓展，贫困群体也逐渐实现了高质量、高品质的生活。

（一）巫溪：把握电商扶贫契机，助力消费扶贫

作为最后一批脱贫摘帽的国家重点深度贫困区县，巫溪县在脱贫攻坚工作中既注重通过产业、就业等扶贫措施带动贫困群体摆脱贫困，同时又在此过程中探索巩固脱贫成果的新路径。习近平总书记在多次讲话中都提到，脱贫攻坚不是一时之功，在寻求发展方式的同时还应该注重发展的可持续性和长期性，要紧紧抓住消费扶贫这一扶贫模式，确保已脱贫群众能够稳得住、过得好，提升现有脱贫质量和成效。

对此，巫溪县借助创建"国家电子商务进农村综合示范县"契机，谋求电子商务与精准扶贫有机衔接，打通巫溪农特产品走出大山、对接外部广阔市场便捷通道，带动贫困群众增收致富，真正变"输血式"扶贫为"造血式"扶贫。2020年新开设电商店200个，累计达1250家，吸纳贫困户就业900人，网上交易额突破2.75亿元，销售本地农特产品0.82亿元，带动3360户贫困户增收。

利用淘宝、天猫、京东等电商平台，开设"巫溪特色馆"，与本地平台邮乐购、"57生活馆"形成混搭平台，把巫溪"土货"卖向全国，销售巫溪洋芋、人川甲鱼、牛肉干、老腊肉等农特产品2300万元，其中巫溪麻辣卤牛肉被评为重庆市"爆款农产品"。引入淘实惠、猪八戒、渝教科贸、香满园、香董电商等企业，培育出"巫溪老

巫溪特色产品：土豆片、核桃、蜂蜜

实人""馨曦食品""丁马农业""秦巴食客"等一大批网红商店，完成线上销售1900万元，成功推出具有本地特色的"红池·中岗原""天谷·元乡"等电商品牌，"逍遥巫溪淘宝店"被重庆日报专题报道。开展直播带货活动400余场、销售额达731万元，"巫溪秀芽"、秋梨膏登上央视财经直播。

在利用消费扶贫稳定增收的同时，巫溪县还牢牢把握住东西扶贫协作的契机，积极争取山东泰安帮扶支持，在泰安市相关学校、超市设立消费扶贫专柜18个，定点销售巫溪蜂蜜、牛肉干、中药材、高山蔬菜等农特产品60万元，同时与泰安云农集团签订协议，试点在"线上"开设"巫溪专区"，完成销售45万元。借力市教委帮扶集团，在重庆大学城开设"巫溪小店"体验店，在重庆三峡学院等20余所高校，设立农产品消费扶贫专柜，销售巫溪农特产品50余万元。与重庆中科锐星公司通力合作，稳步推进消费扶贫智能柜投放试点工作，拟在县内机关、学校、医院、企业、社区等公共场所布设消费扶贫专柜100台，专销本地扶贫产品。

（二）石柱："消费扶贫"探新路，贫困群体更富裕

在顺利实现脱贫摘帽以后，重庆市石柱县狠抓消费扶贫工作，打通精深加工分销、流通市场直销、旅游休

石柱莼菜

怎样巩固脱贫成果

石柱蜂蜜

108

闲带销、电商平台网销、消费扶贫助销、产销对接推销等"六条销路"，促进贫困人口稳定脱贫和地区产业持续发展。在深入贯彻落实习近平总书记关于扶贫工作重要论述的过程中，石柱县充分发挥消费扶贫在克服疫情影响和巩固脱贫攻坚成果方面的重要作用，解决大山深处优质农特产品"产得好、销不出"问题，通过打通"六条销路"，畅通农产品流通渠道，促进农产品销售，帮助贫困户实现丰产又丰收。

通过精深加工分销，围绕脆红李、莼菜、辣椒、蜂蜜、腊肉、黄精等本地特色农产品，积极策划包装以"休闲食品""康养产品"等为主的农产品精深加工项目，培育和引进了一大批农产品精深加工企业，形成了"石好佳"土豆片、陶大薯酸辣粉、黄精植物饮料、小纯纯植物饮料、潘婆婆莼菜、三星香米、杨二哥腊肉、谭妹子辣椒等一系列"休闲食品""康养产品"，打通了农产品变商品的通道，增加百姓收入。

除此以外，石柱县还依托线上电商平台，研发了线上"石柱县远山结亲农产品产销对接平台"，构建了农特产品的"信息精准收集、线下精准收购、网货精准加工、线上精准销售"产销全链条体系，制发二维码流程卡2万张，实现农产品销售信息"一键上传"，组织18家电商企业"码上收货"，实现"全覆盖"对接、"零距离"收购，快速、便捷、精准帮助贫困户销售农产品，基本

村民收获蜂蜜

实现农产品"应销尽销"。平台上线不到3个月,已审核录入农户订单2611单,其中贫困户订单1985单、占比76%,已成功对接收购1764单,实现产销对接销售金额189万元,带动943户贫困户实现增收。

石柱县还利用"短视频+电商""网络直播+电商"等新媒体营销方式,成功开展书记县长带货、县长来了、中益扶贫慧生活直播带货、团团带好货、小新带货等各种公益电商扶贫带货行动30余场次,扶贫产品的平台访问量达150万人次,直接实现订单超过36万单,销售额达2480余万元。

四、在新冠疫情期间巩固成果的做法

面对突如其来的新冠疫情,重庆市始终牢记习近平总书记的嘱托,贯彻落实习近平总书记关于坚决打赢疫情防控阻击战的重要指示精神,把疫情防控作为最重要的工作和头等大事,统筹抓好疫情防控和脱贫攻坚工作,做到"战疫"和"战贫"两不误。

针对感染新冠疫情的贫困人口,重庆市各区县扶贫部门和结对帮扶干部跟踪了解救治情况,对本人及家庭给予关心慰问,对隔离人员进行心理疏导,帮助解决当前生产生活具体困难,共渡难关。除此以外,重庆市还创新帮扶手段,通过电话、短信、QQ、微信、慰问信等方式,开展"不见面"结对帮扶和服务工作,确保帮扶工作不断档、有实效。疫情防控期间,每位帮扶干部要向结对贫困户至少打一个电话,进行一次疫情防控知识宣传,力所能及帮助购买或赠送一些防护用品(重点针对未脱贫人口),开展一次脱贫需求调查,制订一个脱贫增收计划,增强贫困户获得感。为了确保贫困群众在疫情期间仍有稳定收入,重庆市通过摸底调查,收集贫困劳动力就业意向、培训需求和企业复工、用工需求信息,加强劳务服务,协调解决交通出行等问题,帮助其有序返岗就业。引导企业通过线上平台发布招聘信息，开展互联网招聘及远程面试，拓宽贫困人口就业门路。

（一）云阳：扶贫车间按下"重启"键，点燃贫困户新希望

"嗒嗒嗒、嗒嗒嗒……"近日，云阳县渠马镇立远服装厂的车间里缝纫机的声音连成一片，20多名戴着口罩的工人正忙着赶制第一批订单。"复工第一天我就到岗了，在家没事干，闲得慌。"吴继英一边娴熟地操作着缝纫机，一边跟记者说，"太想工作了，坐在这里心里才踏实。"

2019年，渠马镇新建了一个扶贫车间，引进了立远服装厂、思缘丹尼尔制衣厂、群创电子厂等四家企业入驻，为当地群众提供技能培训场所，拓宽就业渠道，实现家门口创收。但是2020年由于受到疫情的影响，工厂延迟开工，很多像吴继英这样失去了固定收入的工人心里都很着急。但是云阳县渠马镇始终牢记习近平总书记巩固脱贫成果的工作要求，明白在疫情期间一定要稳定住、巩固好已经取得的成果和经验。

"为了扶贫车间顺利开工，我们指导企业制定人员复工返岗方案，为每个企业安排一名指导员，专门为企业解决问题。同时还帮助企业采购了口罩、温度计、消毒液等防护物资，让大家安心上班。"渠马镇党委副书记

王杰说。在做好疫情防控工作的基础上，该镇优先组织扶贫车间复工，全力保障贫困户就业增收，防止贫困户因"疫"返贫。

随着企业陆续复工，安静了多日的扶贫车间又热闹了起来。"虽然扶贫车间恢复了生产，但在疫情防控措施上我们没有半点马虎。除了进行日常信息登记、测量体温、车间消毒外，我们还要求车间员工做好家里的防范措施。"立远服装厂负责人刘朝兵说。

渠马镇的扶贫车间复产只是云阳着力推进复工复产工作的一个缩影。全县在做好疫情防控工作的前提下，发动企业、乡镇力量对接务工人员，出台了招聘服务、返岗就业、复工复产、公益性岗位开发等一揽子政策措施，加快扶贫企业复工复产步伐，确保已有的脱贫成果能够稳得住、走得远。

面对疫情，云阳及时将原计划在各乡镇（街道）开展的线下现场招聘会全部调整为线上招聘，并制定线上招聘方案和一企一册的工作服务方案。一方面，通过安排专人专班，对开工复工企业逐一电话收集岗位信息，同时充分发挥各地商会、对口援助地和人力资源服务机构的优势，广泛收集各地企业复工复产时间节点和就业岗位信息。另一方面，通过互联网平台及时更新、每天滚动发布各类企业的复工用工信息，并依托全县各乡镇（街道）社保所，及时利用QQ、微信、乡村广播等平台将用工信息传递给村（社区）。此外，驻村工作队、帮扶干部及时把企业的用工信息宣传到每一个贫困户家中，让贫困群众足不出户即可与用工单位实时进行对接。截至2020年2月底，全县发布推荐的就业岗位就有1.8万余个。

与此同时，云阳还为企业提供"保姆式"服务。不仅及时出台了企业税费社保费减免、租金减免、贷款贴息、防疫物资保障等政策措施，而且县领导亲自带队，建立了服务专班，通过全覆盖摸排以及发放问卷调查和电话沟通等多种方式，协调解决企业复产复工的融资难、口罩等防护物资短缺、人员返岗率不高、物流运输不畅等各类问题，推动具备复工条件的扶贫车间开工复工，有序恢复正常生产。

（二）北碚："四个转变"防疫情，巩固成果双推进

在新冠疫情期间，北碚区从四个方面做出转变，确保在防控疫情的同时，也能扎实稳步推进巩固脱贫成果的工作，力争最大程度地降低疫情对贫困户生活水平的影响，防止因病致贫返贫风险。

第一个转变是将巩固脱贫成果的"帮扶网"变成防控疫情的"防疫网"。在疫情防控期间，北碚区区领导带头深入一线帮扶未脱贫户，为他们送去防疫物资，并发放疫情宣传单，耐心地向贫困户宣传讲解新冠肺炎疫

情防控知识，叮嘱他们要保重身体。全区1200余名帮扶责任人积极开展"五个一"[1]帮扶工作，在疫情防控期间，通过电话联系等方式为贫困户宣传疫情防控政策、防控知识，解决建卡贫困户等困难群体在生活、就医、用药方面的实际困难，增强贫困户获得感，确保结对帮扶不断档、有实效。同时，部分贫困户主动参与村社一线防疫工作，充当宣传员、劝导员、防疫员，为抗击疫情贡献力量，以实际行动回报社会。

第二个转变是将驻村工作队变成防疫先锋队。北碚区制定了"第一书记+驻村组+村干部"包村、"驻村干部+村干部+党员志愿者"包社制度，做好村社人员摸排、设卡设点检测等工作，将宣传、排查、监测和管控"四个全覆盖"的疫情防控措施落到实处，撑起乡村群众健康"保护伞"，筑起一道联防联控、群防群治的"铜墙铁壁"，为坚决打赢疫情防控阻击战提供了有力支撑。

第三个转变是把"手把手"指导变成"远程式"开单，防疫春耕增收"三不误"。北碚区组织农技员、产业指导员通过微信、QQ、电话、短信等方式，帮助贫困户抓好春耕生产，根据实际需要组织技术人员深入田间地头，指导小春作物田间管理、大春备耕，农业生产从现

---

1. "五个一"，一是撰写一篇防疫抗疫心得；二是参加一次支持抗疫行动；三是签订一份抗疫诚信承诺；四是参加一次抗疫知识答题；五是提出一份政务服务建议。

场式指导变成远程式网络指导，确保不误农时。行业部门利用电商网络解决农产品销售问题，拓宽贫困户疫情防控期间收入渠道，确保稳定增收。

第四个转变是"朋友圈"变"销售圈"，助力贫困户农产品"出村进城"。北碚区搭建起了"驻村干部＋贫困户＋合作社"模式，驻村干部积极深入贫困户家中，及时掌握疫情对农户特别是贫困户农产品生产销售情况，积极联系合作社、农业大户对贫困户生产的农产品进行统一收购。同时，各街镇建立农产品推销群，在微信群内接龙助力，批量下单，集中销售。发动机关、村（社区）干部积极宣传，通过介绍、转发朋友圈等方式，扩大销售范围，保障贫困户疫情防控期间收入稳定。

通过这四个方面的转变，北碚区的脱贫攻坚工作即使在疫情期间也在顺利进行，各种新方式、新路径的探索和使用，让贫困群体的经济收入并未因新冠疫情的影响而出现减少。

织密社会保障网络

打赢打好脱贫攻坚战，实现脱贫成果惠及更多的群体，不仅要通过产业、就业、兜底保障等措施帮助贫困群体脱贫致富，解决他们的"两不愁"问题，还要在住房、教育、医疗等方面为贫困群体的基本生活提供完善的保障。本节将会通过重庆市部分典型区县的发展案例，展示重庆市在解决"三保障"问题方面的先进做法。

一、教育扶贫斩穷根，义务教育有保障

扶贫先扶智，治贫先治愚。教育扶贫，不仅是扶贫开发的重要任务，也是阻断贫困代际传递的重要途径。脱贫攻坚不仅要解决当前贫困人口的贫困问题，还要从根本上斩断穷根。习近平总书记反复强调，要想从根本

上解决贫困问题，必须让下一代摆脱贫困。随着扶贫工作开展程度的不断深入，重庆市及下属各个区县高度重视教育扶贫工作，教育扶贫工作的重点也从单纯地改善基础教育设施，转变为提升教学质量。这既是实现义务教育有保障的基本做法，也是巩固拓展脱贫成果的必然要求。

（一）北碚：竭尽教育扶贫之力，阻断贫困代际传递

作为教育扶贫的"主力军"，北碚区严格按照习近平总书记对教育扶贫工作的要求以及重庆市对教育扶贫工作的部署，坚持"资助育人、扶贫励志"理念，锁定"全部入学、全程资助、全员覆盖、全力保障"目标，因地制宜扎实开展教育精准扶贫工作。从巩固教育扶贫成果出发，提高教育扶贫实效，全力保障学生享受公平而有质量的教育。

控辍保学不仅是义务教育均衡发展评估的重要指标，也是教育扶贫的重要内容，正如习近平总书记提到的，现在仍然有部分孩子反复失学辍学。因此，如何让困难、贫困学生能上学、上好学，享受更加优质的教育，一直是北碚教育扶贫工作的重中之重。

"他感觉你们就像他父母，一天到晚都盼着你们来！"澄江小学老师每次来到残疾学生润润家送教，润润的婆婆总是深情地感慨着。润润天生残疾，父母离婚

后，爸爸外出务工，润润由婆婆爷爷抚养。10岁的他至今还不会说话、走路和自己吃饭。润润家距学校有1个小时车程，另外还得走3公里左右山路，住校、走读均无法解决他的就学问题。"全部入学、全程资助、全员覆盖、全力保障"是北碚区教育扶贫的基本目标。除了润润，学校还有两名因残不能正常上学的学生。为了解决这些孩子的上学问题，让他们受教育的权利能够得到有效保障，澄江小学成立了3个由副校长、部门主任、党员教师组成的送教团队，校长郭宏担任送教工作领导小组组长"抓总"。根据3名孩子的残疾类别、生理心理特点、家庭情况等情况，学校定制了三套个性化送教方案，坚持每周一次的送教工作。以润润为例，送教团队每月上门送教一次，其余时间则通过远程视频方式送教。现在，孩子们都和送教老师们结下了深厚的感情。老师们也经常和送教学生家长联系交流，共同努力帮助他们健康成长。

在控辍保学工作中，北碚着力保障残疾学生在特殊学校和普通中小学顺利就学。对不能到学校就读的残疾学生，实施"一人一案"送教上门服务，并纳入学籍管理。同时，全区教师协同村社干部走访、清理辍学学生，重点关注贫困家庭、残疾人儿童、孤儿和外出务工家庭适龄学生入学情况，劝返有辍学倾向学生，保障每位学生的入学权利。

新冠肺炎疫情期间，北碚区教育系统还开展了爱心慰问活动，让困难学生处处感受到党和政府的温暖。北碚区文星小学对建档立卡、残疾儿童、贫困家庭子女等22名困难学生统一发放粮油等生活物资；龙凤教管中心为辖区内3所学校共计6名家庭经济困难的学生送去了平板电脑，帮助他们解决了线上学习的困难；三圣中心校、梅花山小学等学校对家庭经济困难学生开展送口罩、消毒液、学习资料等暖心资助活动。

截至2020年5月，北碚共接收3.48万余名适龄儿童就读小学，其中流动人口随迁子女6887人；接收2万余名适龄少年就读初中，其中流动人口随迁子女2891人。全区341名残疾适龄儿童通过随班就读、特校就读、送教上门等方式，全部纳入学籍管理，无一例因贫失学、辍学情况出现。

（二）奉节：牵住教育"牛鼻子"，送教上门暖人心

"1个读初中的每年补助1250元，3个读小学的每人每年补助1000元，幺女子读幼儿园每年补助2160元。"奉节县冯坪乡南津村11组贫困户刘善均一边掰着手指头"如数家珍"，一边"心满意足"地说。虽然家里有5个娃儿读书，但他没感到一点"压力"。

2011年，李美环带着5个子女与44岁的刘善均组成家庭，婚后又生了2个孩子，成为9口之家。其中2

个孩子是冯坪乡明堂小学寄宿制学生，11岁的杨书燕读五年级，10岁的杨鑫华上四年级。在明堂小学南津村教学点，7岁的刘师燊上小学一年级，5岁的刘宏梅读幼儿园。据冯坪乡明堂小学校长刘少银介绍："杨书燕、杨鑫华寄宿不用缴一分钱，由我们免费提供日常用品，免收生活费，同时学校开设'四点半课堂'，由班主任和科任老师对孩子们进行针对性辅导，给予家庭困难学生和留守儿童更多关爱。"

奉节县既是国家级贫困县，也是教育大县。2019年脱贫摘帽后，奉节县仍然坚持在教育扶贫中执行硬任务、采用笨办法、下足苦功夫，更加高质量地开展"控辍保学"工作。为了更好地落实工作任务，奉节县选取了10名教管中心主任为片区网格长，对片区内网格化工作负总责；131名义务教育阶段学校校长为校级网格长，对本校网格化管理工作负总责；8218名教职工为具体网格责任人，对网格内的所有适龄儿童就读情况负责，并建立教师与辍学学生"一对一"帮扶机制。县内还新增2所特殊教育分校以保障南北两岸残疾孩子就近入学。

为了真正做到"不落下一个孩子"，奉节县共组建99支专门的师资队伍，爬坡上坎、翻山越岭，克服重重困难，对356名义务教育重度残疾、无法自理的辍学学生，提供定期入户、免费服务，采取"一人一案"教学方法，每周开展不少于 1 次的送教上门服务或远程教育专项行动，加强心理疏导，帮助他们树立生活的勇气和信心，同时为他们一一建立学籍，让残疾孩子享有公平的受教育权利。

通过一系列的"控辍保学"措施，奉节县的义务教育入学率和巩固率均达到 100%，也从根本上斩断了贫困代际传递的根源。

二、从"治好病"到"治未病"，健康生活有保障

随着脱贫攻坚工作的开展，重庆市在实现"基本医疗有保障"方面的工作不断进行深化和调整。全市以及各个区县认真贯彻党中央脱贫攻坚决策部署，按照"既不降低标准也不吊高胃口"的要求，全面聚焦因病致贫人口，全面深化健康扶贫政策，坚持治病、救助、防病多管齐下，坚持政府、市场、社会共同发力，着力构建防止因病致贫返贫长效机制，扎实推进健康扶贫落地落细落实。从"治好病"到"治未病"，既从根本上消除了贫困群众因病致贫的根源，也为实现健康中国的目标做出了突出贡献。

（一）綦江：精准联动，筑牢脱贫攻坚医疗保障线

陈德平 2020 年 56 岁，是綦江区永新镇保觉村的贫困户。今年前，他时常感觉左侧腰部胀疼，因顾虑就医费用较多，就一直拖着，未接受治疗。綦江区卫生健康委了解到情况后，于 2020 年 3 月主动联系区人民医院，组织专家上门服务，并将他接到医院做进一步检查。经确诊，陈德平患肾积水、肾囊肿、肾结石等多种疾病。通过两次手术，陈德平的所有肾结石取除，左肾功能恢复，右肾也得到了保留及总肾功能恢复正常，健康危险终于得到解除。

但是手术所产生的住院费、手术费共计 2 万多元，这对陈德平来说显然是一个天文数字。考虑到陈德平的

为居民开展"送医送药送健康"活动

家庭情况，綦江区人民医院在扣除医保后，积极同区红十字会沟通，通过捐赠解决了手术所需的价值万余元的自费耗材，陈德平自付费用仅 1487 元。但这对陈德平来说压力仍然很大，医院与他签订了医疗费用自付部分分期付款协议，半年内分两次付清医疗费用，解除了他的后顾之忧。

"真诚地感谢党和政府！感谢区人民医院，感谢泌尿外科医护人员！" 4 月 14 日，贫困户陈德平在出院时给綦江区人民医院泌尿外科写的感谢信上说，"自己做梦都没有想到，没交一分钱，医院就帮我看好了病。"

自 2019 年 4 月以来，綦江区深入学习贯彻习近

綦江区的健康巡诊

平总书记视察重庆时的重要讲话和在解决"两不愁三保障"突出问题座谈会上的重要讲话精神，围绕"精准""联动"两个关键词，在巩固现有成果的基础上，进一步推进健康扶贫工作的落实，筑牢脱贫攻坚基本医疗保障线。

针对脱贫攻坚医疗保障中仍然存在的突出问题，綦江区卫生健康委从2019年起开始实施"三精准"，完善健康扶贫措施，确保精准甄别不落一户一人，医疗保障不落一户一人。在精准甄别上，綦江区卫生健康委对全区建档立卡贫困户7583户22526人进行全覆盖大病、慢病甄别，进一步甄别辖区内贫困人口大病、慢病人员情况，动态掌握贫困人口基础健康信息，做到精确到户、精准到人、精准到病，为更好的"对症施策"奠定了基础。在精准救治上，綦江卫生健康委对全区建档立卡贫困户中患有疾病的3877人进行了大病、慢病入户甄别工作，并与他们签署《綦江区建档立卡贫困户大病、慢病就诊引导书》，开展健康巡诊、"连心"服务、"送医送药送健康"等宣传服务活动，提高了贫困患者医疗满意度。在精准救助上，綦江在基本医保、大病保险、特病门诊等"七重保障救治"的基础上，实施财政兜底保障和大病集中救治。2019年，綦江财政落实456.89万元兜底保障专项资金，惠及11109人次。

（二）大足：夯实基础多方保障，狠抓健康扶贫服务质量

重庆市大足区卫生健康委坚持战疫战贫"两手抓"、防疫脱贫"两不误"，紧紧围绕实现贫困人口基本医疗有保障和有效防止因病致贫因病返贫的目标，从多个方面扎实推进健康扶贫工作，提升健康扶贫水平，切实为困难群众提供更加优质、高效、便捷的基本医疗条件和健康生活环境，全力保障人民群众健康。

通过多部门协同联动，全区共投入5744万元设立"健康扶贫基金"和"困难群众救助基金"，全面保障贫困人员就医需求，实现各项保障综合发力。在加大健康扶贫资金投入的同时，大足区还为每位建卡贫困人员发放一张健康卡并建立健康档案，每年为符合条件的建卡贫困人员开展1次健康体检，并开通贫困户申办门诊特病便捷通道，为4343名贫困户办理了特病卡。为了更好地实现贫困户"有病即医"，全区建立健全了家庭医生签约机制，组建家庭医生签约服务团队198个，为全区28448名贫困人员提供优质服务，做到签约一人、履约一人、做实一人，实现了在家且有签约意愿的建档立卡贫困人口家庭医生签约100%。

除了为困难群众创造有利的就医条件，为了高质量地落实资助参保机制，大足区还加强了与扶贫、民政、残联等部门的协调配合，全面清理摸排建档立卡贫困人

员、贫困残疾人、兜底保障对象等参保情况，确保每一个贫困群体都能享受到相应的政策。为了严格落实"先诊疗后付费""一站式结算"机制，全区投入21.1万元对各医保定点医疗机构管理系统、医保系统接口进行全面改造，实现贫困人员就诊时身份精准识别。

除此以外，大足区还严格落实"三个一批"行动。将33种大病病种纳入集中救治，将4类慢病患者和残疾人作为重点服务对象，将因病致贫返贫风险较高的贫困户纳入签约服务范围。截至2020年11月，大病集中救治509人，慢病签约服务4807人，重病兜底37人，常见多发病救治6027人，大病集中救治率100%，慢病签约服务管理率100%、就诊率达98.42%。

三、群众住上"舒心房"，生活前景更美好

重庆市各区县紧紧围绕"不让贫困人口住危房"目标，既立足当前抓脱贫攻坚，又着眼长远抓乡村振兴，扎实推进危旧房改造。做到突出重点、分步推进、统筹实施。

（一）大足：聚焦"安居梦"，居民更幸福

住房问题关系着千家万户的切身利益，对于困难群众、低收入群体而言，住房意味着期待与梦想。在脱贫

攻坚工作开展过程中，大足区始终牢记习近平总书记对解决"两不愁三保障"突出问题的嘱托，尤其是在脱贫攻坚决战决胜时期，全区大力推进农村危房改造工作、保障性住房建设，推动住房保障体系不断完善，住房保障能力持续增强，群众住房条件明显改善。在巩固现有成果的基础上，让贫困群众从"有住的"到"住得好"，增强人民群众的获得感、幸福感、安全感。

"群众的期盼，就是我们工作的目标和方向。"大足区住房和城乡建委相关负责人表示。"安居"是"乐业"之本，"挪穷窝""拔穷根"，开对方子、找准路子，才能从根本上改变农村困难群众的居住和生产生活条件，

大足区居民新居

贫困户在新居前晾晒粮食

第三章·巩固脱贫成果、提高脱贫质量

辅以教育、培训、产业指导，才能帮助贫困人口真正摆脱贫困，在致富奔小康的路上同全国人民一起奔跑。

"住了几十年的老房子，大家都说那是'豆渣房'，很危险。可我们家里哪有钱盖新房？现在好了，只花了几千块钱就搬进了新家……"在大足区棠香街道水峰社区，80岁的陈代财一说起搬进新家的经历，喜悦之情溢于言表。

陈代财和妻子李朝珍是大足区棠香街道水峰社区2组的老居民，儿子患有精神病，妻子患有老年病，一家人只能靠陈代财平时卖菜维持生活。而最让陈代财担心的还是他的那间老房子，"那是40多年前我自己修的，墙壁是用竹条混着碳渣泥土这些东西砌起来的,别人都说这是'豆渣房'"。后来,陈代财一家被识别为建卡贫困户,并进行了危房改造。2019年9月,陈代财一家终于告别了40多年的老旧危房,搬进了新家。按照相关标准,水、电、厕所、厨房"四配套",政府补贴了3.5万元,自己只出了几千元。

水峰社区相关负责人说,对于建卡贫困户D级危房改造,政府以及相关部门坚持"最贫困群众、最危险房屋"优先原则,扎实推进。以陈代财一家为例,街道社区不仅在房屋选址及施工设计上帮他们把关,考虑到这一家人的实际困难,社区还帮他们添置了新的木床、桌椅等家具,陈代财一家可以说是"拎包入住"新房。

(二)巫山:从"安全"到"舒适",让脱贫成色更足

"现在虽然还是土墙房子,但是改造后完全变了样,安全又安逸,住起来我心里踏实。"太阳火辣辣地照着大地,巫山县官渡镇竹林村村民谭方善从自家菜园里回来,坐在屋里吹着电风扇,悠闲地乘凉。

从之前斑驳破旧的老房子,到现在土色墙面、绿色门窗,焕然一新的厨房,还有硬化的屋后阳沟,和谭方善一样对生活充满希望的村民,在巫山县官渡镇还有595户。

2020年是全面建成小康社会目标实现之年,也是脱

贫攻坚收官之年。巫山县在脱贫攻坚的决战决胜阶段，将"住房安全有保障"这一美好愿望与美丽乡村建设、危房改造、易地扶贫搬迁等工作相结合，推进实施农村旧房整治提升行动，让已有的"住房安全有保障"成果得到更好的巩固和提升。

以土坯房为代表的旧房，因成本低、建造快，被广泛使用，而今，这些旧房因年久失修存在严重的安全隐患，为保障群众住房安全，需将"以旧房整治提升助推脱贫攻坚"的责任和使命牢牢地扛在肩上、抓在手上。"住房安全有保障是实现全面小康的基础之一。"巫山县住房和城乡建委相关负责人表示。农村旧房整治提升到位，才有底气去实现全面小康。

从易地扶贫搬迁到危旧房改造，再到对全县有人居住土坯房和年久失修其他房屋实施的旧房整治提升行动，近年来巫山县委、县政府心系百姓安居冷暖，始终把住有所居作为一项重要民生保障任务，全面部署、躬身推进。自2020年3月巫山县正式启动实施农村旧房整治提升工作以来，该县已完成整治提升9290户，实现竣工率超过98%。为此，巫山在全市率先完成了县级方案设计，成立了全县农村旧房整治提升工作领导小组，确立了"全县不落下一户"的整治提升目标，制定印发《巫山县农村夯实生土墙（土坯）旧房整治提升及拆除实施方案》的通知，激活脱贫攻坚新引擎。

在未来的工作中，巫山还将继续探索实施"几个结合"模式：把农村旧房整治提升与"三变"改革结合起来，整合农户劳力、房屋、资金等资源，促进农户与集体经济、经营主体"联产联业""联股联心"，激活农村发展内生动力，做大村集体经济，引导村民致富；把农村旧房整治提升与产业发展结合起来，扶持农户开设农家乐和农家客栈民宿，拓宽增收渠道，实现就业增收；把农村旧房整治提升与文化保护结合起来，传承和保留好乡村文化的那份质朴，打造人人向往的乡愁之地……

四、兜底保障稳生活

2020年，脱贫攻坚工作进入了决战决胜的关键时期，重庆市18个深度贫困区县也顺利实现脱贫摘帽。然而，顺利实现脱贫摘帽并不意味着脱贫攻坚工作的结束，对于一部分无法通过产业扶贫、就业扶贫工作顺利实现脱贫的贫困群体，社会兜底保障就显得尤为重要。尤其是受到2020年新冠疫情和洪涝灾害的影响，一部分刚刚脱贫的贫困户更加需要兜底保障制度的帮助和扶持。对此，重庆市在严格遵照习近平总书记提出的扎实解决好"两不愁三保障"突出问题的同时，高度重视对现有脱贫成果的巩固和提升，通过一系列的兜底、保障措施，确保已脱贫人口不返贫，"边缘群体"不致贫，让脱贫质量得到更高的提升。

2020年3月中旬，北碚区民政局在拉网式排查中，发现柳荫镇西河村贫困户杨某某的妻子因缺钱没有进医院治疗的情况后，立即启动临时救助1000元，让其妻子治病。杨某某家有4口人，有3人已被纳入低保、医疗保障等。由于其妻子娜某因户籍问题未能享受到低保和扶贫的医疗保障，区民政局又帮助其办理落户，以保障其享受到低保和医疗等扶贫政策。同时，还帮助杨某某有残疾的儿子办残疾评定，让其享受到相关的扶持政策。

"在决战脱贫攻坚中，我们在全区展开了拉网式的排查，对排查出来的符合救助政策的家庭或个人及时给予政策保障，确保不漏一户。"北碚区民政局相关负责人说。

北碚区在脱贫攻坚工作进行到决战决胜的最后阶段，始终坚持习近平总书记提出的"四不摘"要求。对于那些无法通过产业扶贫、就业扶贫摆脱贫困的群体严格按照兜底保障一批的要求进行帮扶。在严格落实政策的过程中，确保已脱贫的人口不返贫，未脱贫的人口快脱贫，让现有的脱贫成果能够得到更好的巩固和拓展。

北碚区通过开展精准摸排工作，掌握了全区所有需要临时救助的对象。随后加强救助跟进，确保了兜底保障政策的及时到位。2020年3月，北碚区民政局通过医保网摸排到静观镇万全村70岁的低保对象、建档立卡贫困户周某某因患胃穿孔住院治疗产生了自付费用 25255 元的情况核查后,按相关政策,主动向其实施了临时救助 11128 元,当周某某拿到这笔救助金时激动不已。北温泉街道社会救助工作人员在入户调查中,发现城北社区低保对象陈某某因长期患糖尿病并发症,已无力维持基本的治疗,立即向街道报告。街道立即采取"先行救助"方式,为其发放救助金 1000 元,使其没有耽误治疗。2020 年 2 月,水土街道万寿桥村低保户祝某某意外受伤骨折无钱医治。街道核实后,当日发放临时救助金 1000 元,使他及时得到治疗。

2020 年以来,北碚区仅利用"先行救助"方式,已对 132 名困难人员实施了救助,累计发放"先行救助"金达 30.3 万元。全区通过强化相关的保障兜底政策执行力度,更好地发挥了社会救助在脱贫攻坚中的兜底保障作用。

第四章·建立脱贫攻坚与乡村振兴有效衔接机制

脱贫攻坚和乡村振兴是我国两大国家战略，二者具有基本目标的统一性和战略举措的互补性。脱贫攻坚通过国家统筹投入大规模资金、人力、物资等扶贫资源解决贫困人口的基本生存问题，保障其基本生活；乡村振兴则更多地依靠市场外部支持，通过激发乡村内生动力持续稳定贫困户发展。在脱贫攻坚的基础上发展乡村振兴不仅是高质量巩固脱贫攻坚成果的重要路径，更是贫困地区实现可持续发展的重要保障。2020年是我国决战决胜脱贫攻坚战的收官之年，也是脱贫攻坚和乡村振兴两大任务交替的关键时机，要实现贫困地区从脱贫顺畅转向振兴，就必须做好相应规划，将二者在政策内容、实施方式等方面结合起来，构建可持续长效机制。2020年重庆市18个深度贫困地区已全部退出贫困县序列，后续扶贫工作则更侧重巩固脱贫成果和与乡村振兴的衔接。本章主要从特色产业、人居环境、智志双扶、乡村治理体系建设、深化农业农村改革五点出发，每点选取一个案例来阐述重庆市是如何建立脱贫攻坚与乡村振兴有效衔接机制的。

城乡融合，发展特色山地农旅产业

重庆市地貌以丘陵、山地为主，坡地面积较大，有"山城"之称。其北部、东部及南部分别有大巴山、巫山、武陵山、大娄山环绕，地貌的多样性决定了重庆气候、生物、资源的多样化，十分有利于发展山地特色高效农业，从而形成了丰富多样的山地农业类型。各区县都基于自己的特色山地农业打造采摘园、农家乐、乡村旅游等特色农业产业，推动产业扶贫向产业振兴提升，提高贫困地区基础设施和公共服务水平，增强内生发展能力，实现脱贫攻坚与乡村振兴衔接。

此处以巴南区二圣镇集体村为例介绍其山地特色农业和城乡融合下的农业新发展，以及其如何助推乡村振兴。巴南区二圣镇集体村位于二圣镇天坪山，海拔450—570米，生态良好、环境优越，是国家批准认证的无公害农作物生产基地，有梨子、花卉苗木、茶叶三大主导农产业。通过产业基地规模化建设、高品质农副产品加工和旅游服务品牌融合发展，形成"农旅融合、以农促旅、以旅兴农"的发展模式。

一、城乡融合视域下巴南区以农旅融合助推乡村振兴

早熟梨的种植发展过程就形象地体现了"农旅融合"模式。为了更好地促进早熟梨产量增收、品质提升，建立早熟梨品牌，2009年集体村村干部带头联合当地80多户梨子种植户成立了巴南区众喜早熟梨专业合作社。由合作社与重庆南方水果研究所、西南大学开展技术合作，引进早熟梨新品种——"黄冠"和"翠玉"，嫁接老化梨树，从而改良梨园；其次，合作社与巴南区农业技术部门合作，推广科学种植技术，建设生态果园，提高产量和品质；再者，由合作社统一包装品牌和销售，打造"天坪山"高山梨商标，扩大品牌效应；最后发展旅游采摘农业，合作社每年举办梨花节、采梨节吸引游客前来观赏、采摘，扩大了天坪梨品牌影响力。加上当地被誉为"中国最美休闲乡村"，每年还会举办格桑花节，有着丰富的旅游资源，利用这些旅游资源进行品牌推广，带动游客了解天坪梨，开展现场摘梨销售，提高了销售单价，有效增加了合作社和种植户收入。总之，天

坪山以高山梨为特色山地产业，在城乡融合的前提下发展梨子采摘园、观赏梨花的乡村旅游、田园养生项目，形成"以农促旅"模式；反过来，乡村旅游的繁荣又促进了天坪梨销售，形成"以旅兴农"模式；二者相辅相成，共同推动了农业新发展。

巴南区二圣镇集体村已规模化发展梨子、花卉苗木、茶叶三个主导农业产业，基本形成"万亩梨园""万亩花海""千亩茶叶"的特色景观，助推旅游业发展。通过"农旅融合"构建"农业产业＋乡村旅游＋田园养生"模式，建立农民增收长效机制，助推乡村振兴。

首先打好产业发展基础，促进产业规模化、集约化、多元化发展。集体村引进了山语溢香茶业有限公司等12家企业，大力发展天坪山翠冠梨、茶园、特色花卉苗木以及蓝莓园、葡萄园、草莓基地，推动农业实现产业化、现代化、规模化发展。

其次，培育壮大特色产业。天坪山梨的品质已经发生了质的飞跃，花卉苗木基地转型升级成为国家3A级旅游景区——重庆天坪山云林天乡风景区；集体村茶叶种植由龙头企业重庆茶业集团带动发展，采取专业化、规模化、优质化、标准化种植，为生产"巴南银针""定心绿茶""重庆沱茶"提供高品质原料嫩叶。

再次，吸纳引进加工产业。集体村结合自身产业发展引进农产品加工企业2家，基本形成农产品供产销一体化产业链。例如重庆泓谊食品有限公司，每年购买近20万斤天坪山白萝卜、3万斤翠冠梨为原料，加工研制成老鸭汤作料、萝卜线开胃菜和梨膏向市场销售；山语溢香茶业有限公司在集体村建有约500亩生产示范基地，主要收购天坪山、白象山的茶叶为原料加工生产山城牌重庆沱茶。同时，农产品加工企业的入驻发展也为集体村提供了丰富的旅游产品。

最后，打造休闲观光农业。集体村按照"农旅融合、以农促旅、以旅兴农"的思路，坚持走"优质、精品、特色、高效、生态"发展模式，把梨花节、采梨节、格桑花节打造成地标性节会活动，把梨园打造成全国生态农业示范基地，把云林天乡打造成集观光、休闲、度假、娱乐为一体的国家3A级旅游风景区，树立并扩大了品牌效应。一大批游客前来赏花、体验农乐、民宿住宿等，全面带动集体村餐饮、住宿等服务行业的发展。

二、城乡融合视域下的山地特色农业发展与乡村振兴衔接规划

城乡融合视域下的山地特色农业发展在与乡村振兴的衔接上要做好规划。一是立足绿色科学发展理论，坚持"绿水青山就是金山银山""产业生态化、生态产业化"理念，保障生态的前提下进行产业开发是可持续发

巴南区双河口镇

展的基础。二是发展乡村旅游要先提高基础设施建设，改善人居环境。有配套的基础设施才能吸引更多的回头客前来游玩，带着农产品走出去。三是发展精神文明建设。首先是要提高村民的综合素质；其次是结合当地实际创建精神文明活动，比如开展文艺汇演、举办旅游节等。四是要重视人才的培养、引进，新农村建设需要有知识、有信仰、有干劲的青年人才为农村发展输送新鲜血液。新农村要留得住人才，能吸引乡贤回乡致富，从而打造一支懂农业爱农村爱农民的工作队伍。五是建立紧密的利益联结机制，发展产业的根本目的是带动农民致富增收，无论哪种合作模式最终要能让农户受益才是好的发展模式。六是利用好互联网经济，通过电商平台、网络营销等方式推动农产品走出去。

人居环境改善，建设美丽乡村

2018年习近平总书记在两会期间参加重庆代表团审议时，对重庆提出了"两地""两高"目标：即要求重庆建设内陆开放高地，成为山清水秀美丽之地；在建设"两地"的基础上努力推动高质量发展，创造高品质生活。在此前提下，重庆市委、市政府印发了《重庆市农村人居环境整治三年行动实施方案（2018—2020年）》（以下简称《方案》）。《方案》采取项目化、事项化、清单化形式，部署了农村垃圾治理、"厕所革命"、生活污水治理、村容村貌提升、农业生产废弃物资源化利用等"6+3"重点任务，确定了21个重点项目。并针对重庆实际，加大了农村户厕改造和入户道路建设力度。截至2020年11月底，"6+3"重点任务中"以区县为单位分类推进农村生活垃圾治理"和"以县为单位分类推进'厕所革命'"两项国家考核定量任务目标已全部实现，重点项目也已全部完成。

一、铜梁区将人居环境整治作为乡村振兴的第一场硬仗

铜梁区以人居环境整治推动脱贫攻坚和乡村振兴工作，重点做好厕所清洁、庭院整治、居住环境整治、垃圾处理、污水处理、村庄环境卫生等工作，组织动员群众以志愿者等身份参与铜梁区人居环境优化，成为人居环境的建设者、维护者、管理者，打造村美、户洁、人贤的新氛围。

铜梁区太平镇街道

铜梁区太平镇志愿者正在打扫街道

推动人居环境整治的第一步是建设"四好农村路",构建内畅外联交通网络,完成村村通、组组通,并将道路设施重点向扶贫产业、农业园区、旅游景区倾斜,同时提升农村道路质量。二是完善配套设施,实施水、电、讯、房、环保等设施建设,有效处理生活垃圾、养殖污染等。三是通过人居环境整治积分奖励机制,设置"卫生健康户""美丽庭院"两个评比项目,按月、季评选。村里建立"一户一档"积分台账,对本村人居环境治理情况开展"周检月评",引导居民自我管理。四是提升居民素质,建立乡村振兴讲习所,建立以党政干部、党校教师、宣讲团成员、农技专家、脱贫攻坚带头人、本土人才等为主的讲习师资库，帮助群众转变观念，自我奋进。五是倡导文明乡风，实施"五风浸润"工程（和风化人、新风沐人、惠风育人、清风怡人、暖风助人），建立重庆乡情文化馆，再通过评选脱贫攻坚先进典型、制定村规村约等方法弘扬好风气，创造好环境。

　　通过以上工作，铜梁区群众建设美好家园的热情增加了，人居环境得到了极大改善。居民可以将自家闲置农房打造民宿、农家乐，也助推了乡村旅游发展。铜梁区接连获得"全国美丽乡村建设典范区""全国最具幸福感城市""中国人居范例奖城市"等称号。

铜梁区太平镇环境

二、人居环境促脱贫攻坚与乡村振兴衔接规划

《方案》实施以来，重庆市通过农村人居环境整治，提升农村人居环境水平，建设宜居宜游美丽乡村，乡村振兴取得了突出成效。2019年重庆市各区县领导压实责任，宣传引导，激发党员群众的主动性、自觉性，通过公路便民、河流保护、家园清洁、村庄绿色、垃圾清零、厕所革命，实现了干净、整洁、有序、舒适的美丽家园，提升了群众的幸福感和获得感。

截至2020年11月底，重庆市累计完成改厕104.3万户，新建农村公厕3000座，占三年行动总任务的119.2%、124.6%；新增农村生活垃圾治理村410个，建成生活垃圾分类示范村1046个，占三年行动总任务的100%、104.6%；完成生活污水治理管网建设4542.8公里，实施农村污水处理设施技术改造400座，占三年行动总任务的109.5%、100%；完成农村危旧房改造9.96万户，旧房整治提升32.6万户，占三年行动总任务的113.7%、103.4%；培训农村建筑工匠1.2万人，安装路灯或庭院灯35.5万盏，占三年行动总任务的124.7%、101.2%；建设通组公路4.4万公里、入户道路2.02万公里，占三年行动总任务的106.8%、167.6%；实施村庄绿化2万亩，建设绿色示范村庄1609个，占三年行动总

任务的107.2%、103.1%；回收废弃农膜2.2万吨，占三年行动总任务的116.3%。

在引导村民养成良好卫生习惯方面，持续开展以"三清一改"[1]为重点的村庄清洁行动，积极开展"60秒我说改善环境"微视频接力传播、"巴渝乡村展新颜"农村人居环境整治成果巡礼等活动，以区县为单位进行专题报道晒出人居环境整治"成绩单"；在建设和管护机制方面，鼓励各区县因地制宜探索专业化、市场化的多种建设和管护机制，启动农村生活污水治理"五位一体"运维管理机制[2]建设，充分发挥村级组织作用，完善村规民约，落实"门前三包"，推广一批可复制的管护典型案例；在资金投入保障机制方面，多渠道筹措资金，大专项整合资金，不断提高资金使用效益，2020年预计投入市级以上财政资金34.39亿元。

2020年8月，重庆扶贫办发布了《开展脱贫攻坚与实施乡村振兴战略有机衔接试点工作方案》，提出在18个深度贫困乡镇开展脱贫攻坚与实施乡村振兴战略有机衔接试点，其中提到要抓好农村人居环境整治，贫困区

---

1. "三清一改"，即清理生活垃圾、清理沟渠塘堰、清理畜禽养殖粪污等农业生产废弃物，改变影响农村人居环境的不良习惯。
2. 建立以县级政府为责任主体、乡镇（街道）为管理主体、村级组织为落实主体、农户为受益主体、运维机构为服务主体的"五位一体"农村生活污水治理设施运维管理体系。

县、深度贫困乡镇、贫困村要将农村人居环境整治作为开展脱贫攻坚与实施乡村振兴战略有机衔接的一项重要任务，分类分档时序化推进。以疫情防控为切入点，大力开展村庄清洁行动，教育引导贫困户和村民养成良好卫生习惯，做到屋内屋外干净整洁。整村推进厕所革命，有效治理垃圾污水，完善村庄配套服务功能。完善村规民约，健全管护机制。全面解决贫困户和相对贫困人口住房安全问题。按照国家规定，符合条件的地方可将涉农整合资金适当用于农村人居环境整治项目。铜梁区人居环境的整治过程切实体现了这一方案的有效性和科学性，实现了脱贫攻坚向乡村振兴的有机衔接。

智志双扶，激发群众奋进内生动力

习近平总书记强调："扶贫既要富口袋，也要富脑袋。要坚持以促进人的全面发展的理念指导扶贫开发，丰富贫困地区文化活动，加强贫困地区社会建设，提升贫困群众教育、文化、健康水平和综合素质，振奋贫困地区和贫困群众精神风貌。"[1] "贫困群众既是脱贫攻坚的对象，更是脱贫致富的主体。要加强扶贫同扶志、扶智相结合，激发贫困群众积极性和主动性，激励和引导他们靠自己的努力改变命运，使脱贫具有可持续的内生动力。"[2]

---

[1] 习近平总书记在中央扶贫开发工作会议上的讲话，2015年11月27日。

[2] 习近平总书记在打好精准脱贫攻坚战座谈会上的讲话，2018年2月12日。

一、潼南区开展"智志双扶"活动形成脱贫发展良性循环

潼南区龙形镇水口社区为激发贫困群众内生动力、早日脱贫摘帽,社区两委和工作队开展了思想脱贫、文化引领、技能提升等"智志双扶"活动,调动了群众的积极性、主动性和创造性,有效改变了贫困群众的精神面貌。水口社区的周春艳是一名贫困户,家里有她和弟弟两个人,主要靠亲戚和社会救助维持生活。由于缺少经济来源,姐弟俩辍学在家干活。驻社区工作队和社区两委在了解这个情况后,立马联系了姐弟俩的姑妈来照料他们的生活,社区两委帮助联系学校落实"两免一补"政策,让他们能继续读书。不久后周春艳考上了大学,并在驻社区工作队、社区两委和帮扶人的帮助下顺利毕业。她在毕业后放弃了优越的条件和稳定的工作毅然回到水口社区做一名村干部。她说:"是党的政策、社区干部、驻社区工作队、帮扶人帮助我成为了一名大学生,我要用所学到的知识建设家乡,把家乡早日从贫困社区建成小康社区,只有这样才能报答父老乡亲的恩情。"水口社区通过落实教育扶贫政策、动员社会力量参与帮扶,共帮助了44户贫困户脱贫,形成了"多读书,谋出路"的教育氛围,有效地阻断了贫困代际传递。

除了坚持教育帮扶,水口社区还对农户开展技术培

训,帮助指导其发展生产,增强其脱贫干劲;为群众开展法治教育课,增加遵纪守法意识,弘扬传统美德;通过党员会、群众代表会等向群众宣传党和政府的政策、先进典型事迹,为贫困户树立学习榜样标杆;结合"三清一改",运用宣传栏等形式宣传人居环境改善意识、乡村振兴战略,改变群众不良习惯;通过"文明卫生示范户""最美庭院"评比,开展"精神文明社区活动",激发群众劳动动力;动员社会力量参与扶贫,开展了"致水口社区流动党员""致您是家乡的骄傲"活动。如今,村民的业余活动从打麻将变成了跳舞,铺张浪费、互相攀比的风气消失了,形成了遵纪守法、尊老爱幼的新风尚。

潼南区通过思想脱贫、文化引领、技能提升等活动,将扶贫同扶智扶志相结合,培育了贫困地区村民脱贫致富的内生动力和自我发展能力,成功激发了村民积极向上、脱贫致富的内生动力,推动村民发展产业、学习新技能、内化新思想,从而使全村形成全面发展的良性循环,为乡村振兴工作打下了坚实的基础。

二、"智志双扶"为乡村振兴工作提供基础

重庆市整体推动"智志双扶"活动,增强村民内生动力,推进乡村文化振兴。首先培养贫困户自强精神,

第四章 · 建立脱贫攻坚与乡村振兴有效衔接机制

潼南区贫困户希望能找到工作

153

潼南区古溪镇村民正在劳作

大力宣传在各级党委政府关怀和广大扶贫干部帮扶下涌现的贫困农户自力更生、脱贫致富的典型事迹，指导区县开展"学扶贫思想、话脱贫思路"活动，引导贫困群众破除"等靠要"的落后思想观念，为激发脱贫攻坚的内生动力营造浓厚舆论氛围；然后帮助贫困户提升科学素质，在贫困乡镇社区开展创业、科普、技能等专题培训，同时提供农技培训、技术引进、创业指导等志愿服务，帮助他们适应现代市场经济观念，增强致富本领，彻底斩断"穷"根。其次增强贫困户文明素养，对照乡村移风易俗"十抵制十提倡"工作要求，开展移风易俗和违规敛财婚丧礼俗专项治理行动、"孝善巴渝"主题活动，加大对铺张浪费、炫富攀比、封建迷信、赌博败家等行为的整治力度，建立文明诚信守法新风尚。最后加强基层文化服务，优化贫困地区群众文化供给。创作了贴近群众生活的《第一书记》《变迁》《薪火》等扶贫题材文艺作品300余件，组织红色文艺轻骑兵赴贫困地区及深度贫困乡镇演出，建设室内电影放映厅等。重庆市通过实施"智志双扶"活动，推动乡村文化振兴，同时成功带动了贫困户、非贫困户的内生发展动力，为下一步乡村振兴工作提供了基础。

健全乡村治理体系建设,深度实施乡村振兴战略

党的十九大报告提出,要建立自治、法治、德治相结合的乡村治理体系。健全乡村治理体系既要传承发展我国农耕文明的优秀传统,形成文明乡风、良好家风、淳朴民风,又要建立健全党委领导、政府负责、社会协同、公众参与、法治保障的现代乡村社会治理体制,走中国特色社会主义乡村振兴道路,让农业成为有奔头的产业,让农民成为有吸引力的职业,让农村成为安居乐业的美丽家园。

一、石柱县中益乡以"贵和工作法"提升乡村治理水平

石柱县的中益乡推进了网格化管理,实行的"贵

和工作法"等措施取得了巨大成效。石柱县中益乡成立了"贵和工作室",以坪坝村为试点,推进网格化管理。在网格划分上,结合当地自然地理条件和人口聚居形态,按照行政区域村、组、院落3个层面科学划分。"贵和工作室"主要是通过家长、院落长、网格长和工作室长调节矛盾纠纷。工作室成员主要包括驻村警务员、法律咨询员、司法调解员和诉讼联络员。他们的责任在于开展村民法制教育,提高干群法制意识,形成办事依法、遇事找法、解决问题靠法的良好氛围。通过他们的调节,有效解决了纠纷,做到小事不出网格,也推进了基层法制建设。例如石柱县公安局中益派出所民警了解到某堂兄弟关系一直不错,但最近因琐事多次争吵,甚至扬言要动手的情况,随即进行深入走访,了解到双方矛盾点后,扮起了"传话筒"的角色,用活"贵和工作法",分别到两家进行劝解,并将双方的真实想法告诉对方,同时从亲情、道理、法律三个角度对双方进行了劝说,最终使两家人握手言和,重归于好。[1]

同时,中益乡组建了一支志愿服务队——"留守志愿服务队",通过志愿队伍开展新时代文明实践活动,

---

[1]. 徐平,刘攀.石柱民警"贵和工作法",促剑拔弩张的两兄弟重归于好.[2020-04-13].http://jiangsu.china.com.cn/html/finance/zh/10721107_1.html.

怎样巩固脱贫成果

中益乡小学

如留守老人义诊、留守妇女互帮互助耕作、关爱留守儿童等活动；引导村级建立用工协会，盘点村内拥有的技术工资源，掌握各村民工作技术能力和在家、外出工作情况，从而帮助他们联系就业或临时用工岗位，科学化针对性开展就业培训；建立移风易俗理事会，完善村规民约，对风俗旧规红白喜事自治管理，做到有人管事、有章理事、规范办事，遏制农村陈规陋习，促进乡风文明。

另一方面，促进社会工作者参与基层治理。中益乡政府与石柱县路漫社会工作服务中心签订了服务合同，针对坪坝村留守儿童开展"四点半课堂"活动，对四点半放学后的留守儿童进行辅导教育与照看，并逐渐从放学后的照看延伸到留守儿童家庭的系统化服务，这也是保障和改善民生的有效形式之一。四点半课堂承担了政府的前沿服务阵地，有政策宣传机、专业服务器、信息收集反馈站、居民再教育点等多项功能，不仅提升了当地老百姓对政府的信任及肯定，还逐渐让社会工作服务成为基层治理中的重要组成部分。

二、建设乡村治理体系是实施乡村振兴战略的重大措施

2018年重庆市五届人大一次会议提出，乡村治理

中益乡巧媳妇正在工作

迫切需要加强农院社区组织管理，尽快探索出适合农村尤其是山区农村特点，符合时代发展新趋势，农民群众接受和欢迎，运行成本低、可持续的农院社区组织管理新模式；建议在村组以下设建农院自治管理组织，推行"小单元、网格化、全覆盖"的农村社区化管理，作为重庆市加快推进乡村治理现代化，特色化深度实施乡村振兴战略的重大措施。

除了以"人心和善、态度和易、家庭和睦、人际和顺、社会和谐"为目标的"贵和工作法"，重庆市县区还探索推出了以"和美乡村、和美网络、和美理念、和美环境"为核心的"和美工作法",这些基层工作方法都提升了乡村基层治理法治化水平,推动乡村治理体系建设,是特色化深度实施乡村振兴战略的重大措施。

深化农业农村改革，
激发乡村振兴动力

2019年中央一号文件提出坚持农业农村优先发展总方针、党的十九大提出实施乡村振兴战略的重大决策，都体现了加快农业农村改革的重要性。2020年是脱贫攻坚的收官之年，"十四五"规划则提出在2020年过后设立五年巩固拓展脱贫攻坚成果的过渡期。在巩固脱贫成果与乡村振兴的衔接时期，全面深化农业农村改革，为农业农村现代化激发活力，挖掘资源要素，将是必然趋势。

一、大渡口区深化农村改革发展乡村旅游产业

大渡口区深化农村改革，为建设乡村旅游、实施乡

村振兴战略激发了强大动力。在实施乡村振兴的工作中，大渡口区推进了以集体产权制度为核心的"三变"改革和以土地制度为核心的"三权分置"改革，以及以经营制度为核心的新型经营主体的改革。

大渡口区跳磴镇石盘村是大渡口区农村"三变"改革的试点之一。通过改革将农民变成了股东，建立了村股份经济合作社，并以此为载体，运用可利用的集体资产，围绕乡村旅游发展集体经济。石盘村党总支书记李波说，村里通过股份经济合作社从村民手里流转土地400多亩，建设了梯田稻花香农耕文化体验园，以及采摘园、果园，同时，将闲置的农房改造成民宿接待游客。通过"三变"改革，大渡口区的农村集体资产得到了充分利用，发展农旅融合的乡村旅游产业。

在深化农村改革中，大渡口区通过深化土地制度改革，促进土地经营权流转，激活了乡村旅游经营活力。跳磴镇石盘村的鲜开云从村民手中流转130亩土地，组建了重庆盘果农业有限公司，对流转来的土地进行乡村旅游景点建设。通过承包地所有权、承包权、经营权三权分置的土地制度改革，使得土地集中流转到适度规模经营者手中，发展了农旅融合的乡村旅游产业，也促进了现代农业产业的发展。

二、"三农"改革激发乡村振兴活力

重庆市为全面深化农业农村改革，激发乡村振兴动力，主要从三方面开展工作：一是开展农村"三变"改革试点，建立专家组定点指导各村开展试点工作，召开专题会议研究，组织第三方评估；二是推进农村承包地"三权分置"改革，完成农村承包地确权登记颁证工作；三是发展村集体经济，完成集体经济股份合作制改革。

在深化经营体制改革的过程中催生了新型农业经营体，如大渡口新合村的连坡花椒专业合作社，该合作社负责将收购来的村民种植的花椒初加工后销售出去，这就产生了一个专门收购销售的经营主体，从而形成了新型农业经营体。通过农村经营体制改革，重庆市各区县已经建立起一批专业合作社、农业公司等新农村经营体，它们通过流转土地发展现代农业、农旅融合，为乡村经济发展做出了巨大贡献。新型农业经营体已经成为大渡口实施乡村振兴战略行动计划、推动产业振兴的巨大动能。

"三变"改革是中央推动"三农"工作的重要决策部署，包含"三变"改革在内的农业农村改革措施能够有效整合各项资源，引导农民参与产业化、规范化经营，带动村民增收、产业增效、生态增值，为乡村振兴激发活力。

第五章·总结与展望

2020年，重庆市的18个深度贫困区县全部实现脱贫摘帽。在脱贫攻坚进入到最后的收官之际，如何开展好下一步工作是重庆市需要面临和解决的问题。自2019年习近平总书记提出要将脱贫攻坚与巩固脱贫成果同时抓好开始，重庆市已脱贫的区县就开始进行巩固成果工作，从产业、就业、兜底保障、消费扶贫、住房、教育、医疗等方面扎实落实习近平总书记提出的"四不摘"要求，使脱贫攻坚成果实现从有到好的转变。

2020年，既是"十四五"规划的铺垫之年，也是完成乡村振兴"三步走"战略中第一步的关键阶段。正如习近平总书记在决战决胜脱贫攻坚座谈会上讲到的："脱贫摘帽不是终点，而是新生活、新奋斗的起点。要针对主要矛盾的变化，理清工作思路，推动减贫战略和工作体系平稳转型，统筹纳入乡村振兴战略，建立长短结合、标本兼治的体制机制。"[1] 为了更好地实现"十四五"规划和2035年远景目标，我们必须在当前乃至未来一个阶段，继续做好巩固拓展脱贫成果的工作，为乡村振兴战略的实施打下坚实的基础，向实现全体人民共享发展、共同富裕迈进。

---

1. 习近平总书记在决战决胜脱贫攻坚座谈会上的讲话，2020年3月6日。

"十四五"时期做好巩固拓展脱贫摘帽成果

即将迎来的"十四五"时期是我国全面建成小康社会、实现第一个百年奋斗目标之后，乘势而上开启全面建设社会主义现代化国家新征程、向第二个百年奋斗目标进军的第一个五年。在这一时期要做好巩固拓展脱贫成果工作，持续贯彻落实习近平总书记提出的"四不摘"工作要求。脱贫攻坚战进入到2020年，虽然重庆市的18个深度贫困地区已经全部实现脱贫摘帽，但是仍然有贫困户尚未实现完全脱贫，还有一些"边缘户"和"易致贫户"仍有很大的返贫致贫风险。要想解决这一部分群体的问题，重庆市在脱贫攻坚期间的一系列政策、措施、理念就必须一直贯彻落实下去，不仅需要维持好现有的工作内容和水平，还要立足于未来的发展规划，进一步对现有的成果进行巩固和提升。

一、始终遵循习近平总书记对扶贫工作的安排部署

虽然脱贫攻坚工作在2020年就要收官结束,但是巩固脱贫成果的工作仍然需要继续坚持。重庆市在"十四五"期间,仍需以习近平新时代中国特色社会主义思想为指导,不断深入学习贯彻习近平总书记关于扶贫工作重要论述、在解决"两不愁三保障"突出问题座谈会上的重要讲话和视察重庆时的重要讲话精神,在接下来的工作中全面落实习近平总书记关于"多管齐下提高脱贫质量,巩固脱贫成果,把防止返贫摆在重要位置,探索建立稳定脱贫长效机制"的重要指示精神,始终坚持精准扶贫精准脱贫基本方略,聚焦解决"两不愁三保障"突出问题,突出"三精准""三落实",一手抓贫困人口如期脱贫,一手抓脱贫成果巩固拓展,增强贫困地区发展能力,激发贫困群众内生动力,防止农村低收入边缘人群致贫,高质量打赢打好脱贫攻坚战。

二、健全防止返贫监测和帮扶机制

贫困户摆脱贫困只是当前工作的第一步,在摆脱贫困以后,还要通过更加完善和成熟的政策来让这些已脱贫群体实现增收致富。"十四五"规划中明确提出:"健

全防止返贫监测和帮扶机制,做好易地扶贫搬迁后续帮扶工作。"随着未来社会经济的发展,已脱贫户难免会遇到一些可能会导致他们致贫返贫的问题,例如2020年的新冠疫情和洪涝灾害就导致一部分已经脱贫的群众重新陷入贫困。为了保障每一个群众在未来的生活中都能远离贫困,重庆市必须探索建立健全相应的防贫返贫机制,对脱贫户新产生的"两不愁三保障"问题及产业、就业、培训等帮扶需求,按照"缺什么补什么"原则,及时落实帮扶措施。通过防贫返贫机制的建立,努力推动城乡公共服务均等化,实现脱贫攻坚与乡村振兴有机衔接,确保全面建成小康社会进程中不落一户、不落一人。要探索建立解决相对贫困特别是边缘户稳定脱贫的长效机制,要多安排市级有关部门、区县、乡镇、村级的扶贫干部去其他省市多了解在统筹推进脱贫工作过程中的亮点、重点和难点。

三、通过"扶智扶志"推动内生动力发展

内生动力是推动贫困群体实现脱贫致富的根源,"十四五"规划也反复强调推动贫困群体内生动力发展的必要性和重要性。重庆市在未来的工作中,仍然需要进一步发动群众、组织群众,激发内生动力,将外部"输血"式扶贫与内部"造血"式扶贫相结合,通过

培育贫困人口自身发展能力拓展脱贫成效。在推动内生动力发展的同时，还要注重对新生代群体的培养，加大贫困地区教育投入，通过义务教育与职业技能培训相结合的方式阻断贫困代际传递。未来在推进义务教育精准帮扶过程中，要采用免、减、奖、贷、助、补等多种方式，确保每个贫困家庭的孩子在各个教育阶段"有学上"。对贫困群体开展职业技能培训是提升他们自身能力最直接有效的途径。通过职业技能培训，贫困群体能够通过自己的技能在社会中取得发展的机会，这也是更好实现脱贫致富的途径。但是在推进职业技能培训的过程中，一定要因人而异，根据每一位贫困户的发展需求，并结合当地农业产业发展规划，组织开展合理高效的技能培训服务。

在乡村振兴的过程中坚持共享发展、共同富裕

党的十九大报告指出，我国仍处于并将长期处于社会主义初级阶段，主要矛盾是我国人民日益增长的美好生活需要和不平衡不充分的发展之间的矛盾。人民对物质、精神的需求在日益增加，而乡村生活无法满足其需要，是发展不充分的体现；乡村与城市的差异则是发展不平衡的体现，所以进行乡村振兴、实现乡村有效治理是建设美丽中国的关键点，也是实现全体人民的共同富裕的必经之路。

一、乡村振兴的过程

习近平总书记强调："农业农村现代化是实施乡村振兴战略的总目标，坚持农业农村优先发展是总方针，

产业兴旺、生态宜居、乡风文明、治理有效、生活富裕是总要求，建立健全城乡融合发展体制机制和政策体系是制度保障。"[1]乡村振兴是一篇大文章，在乡村振兴的过程中要坚持共享理念，坚持共享发展从而达到共同富裕，打造共建共治共享的社会治理格局。

乡村振兴的过程其实是一个人员流动、资源转换的过程，将特色农产品包装成共有品牌，将当地民俗转换为营销的切入点，将田园生态打造成旅游增收的重要支撑点……可以看出乡村振兴以区域性规划为基础，以某个区县为发展范围，在区域发展过程中融合市场元素，共享资源理念，破除体制机制弊端，从而创新发展活力，推动乡村资源要素流动，实现重新排列组合，产生新的效益。

巴南区二圣镇集体村天坪梨的发展便是一个好的例子。通过健全合作社运行机制，对农户进行规范化管理，合作社本身也有相应的规章制度，并按照民主管理的方式按届选举；与科研院校合作提高种植技术，增加效益；对农户进行技术培训，并统一基础设施、购买生产资料、病虫害防控、品牌包装和销售，提供了综合服务解决农户生产销售难题；与集体村良好的旅游资源结合

---

1. 习近平总书记在中共中央政治局第八次集体学习时的讲话，2018年9月21日。

起来，扩大自己的品牌，并打造相应的梨花节、吃梨大赛。在这过程中，集体村实现了技术共享、销售渠道共享、与村里其他产业（如格桑花、茶园）共享旅游品牌，最终使农户、合作社、集体村三方达到共同富裕，也推进了乡村振兴过程。可以说乡村振兴是农民共享发展成果的重要体现，所以，在乡村振兴的过程中要坚持共享发展，才能达到共同富裕。

二、对乡村振兴工作的展望

要实现共同富裕，就需要在乡村振兴中坚持共建共治共享共同发展，要做到这一点便离不开整合资源。首先是整合部门资源。精准扶贫时期重庆市以脱贫攻坚统揽经济社会发展全局，取得了巨大成效，不仅促进了经济增长、带动贫困户脱贫致富，还产生了一系列溢出效应，如基层治理能力得到提升、干群关系改善、党的执政基础更加牢靠、群众的精神面貌更加积极等。在推进乡村振兴工作时也可以沿用脱贫攻坚时期一些优良的工作方法，如"贵和工作法""和美工作法"等，并根据实际情况不断拓展其内涵，赋予其新的时代价值。将乡村振兴摆在政府工作的重要位置，整合各部门资源，让各部门拧成一股绳共同通过乡村振兴工作推动社会前进。其次是整合社会资源。引导、支持市场主体参与乡村振兴能更高效率更高质量地推进工作。如在产业发展指导上，充分利用农村"土专家"和农业技术协会等社会力量资源优势，切实加强扶贫产业指导与服务，引导村民参与县级主要产业和村级优势特色产业的发展，既快速保质地完成了工作，也提升了企业、社会组织等的社会责任感。最后要持续调动村民发展积极性，激发其内生发展动力。综合全书，激发村民的内生动力可以从根源上改变村民的思想，让村民的行为从"要我干""懒得干"转向"我要干""努力干""抢着干"，形成人人奋进、人人学习的良好氛围，不仅能有效巩固脱贫摘帽成果，也可以为乡村振兴打下牢固的基础，进一步推进乡村振兴工作的进度。

后记

2020年是中国全面建设小康社会的收官之年，也是脱贫攻坚战的收官之年。2020年11月23日，贵州全省66个贫困县全部实现脱贫摘帽，这也标志着国务院扶贫办确定的全国832个贫困县全部脱贫摘帽，全国脱贫攻坚目标任务已经完成。中国的扶贫工作不仅造福了中国百姓，更是惠及全世界，为实现联合国《2030年可持续发展议程》设定的目标作出了重要的贡献，为全球脱贫提供了中国智慧和中国方案。由此，向国际社会讲好中国扶贫故事、分享中国扶贫经验，也是中国扶贫工作的重要内容，更是推动世界减贫发展的重要部分。

本书由中国扶贫发展中心组织编写，以重庆市如何巩固拓展脱贫成果为切入点，分享重庆市对巩固拓展脱贫成果的政策设计、实践创新、典型案例和前景展望；且本书作为"精准脱贫：重庆的探索与实践"研究书系的最后一册，对前九册的内容都稍有涉及概括。在撰写本书的过程中，笔者翻阅了大量的重庆市政策文件、查看了重庆市乡村振兴局官网，并进行了实地调研。在实地调研过程中，笔者看到了巴南区二圣镇集体村的梨林、铜梁区干净整洁的街道和装修精美的民宿、丰都县成熟的返乡就业创业车间……这些都让笔者感受到了重庆扶贫工作的扎实和认真，感受到了扶贫干部对农村、对农民深深的爱和满腔热血的投入。通过实地调研的切身感受，笔者更坚定了想要更好地撰写本书的决心。在撰写本书的过程中，笔者始终认真选择最能展现重庆市巩固脱贫成果工作经验的生动案例，试图通过最真实的案例来向读者展现他们的成果。

本书能够顺利完成，离不开重庆市各个工作单位以及相关工作人员的配合。在此，要再次感谢重庆市乡村振兴局以及各个乡镇领导的支持和信任，感谢国家乡村振兴局领导的信任，感谢专家组审阅书稿并提出审阅意见，感谢黄承伟主任的悉心指导，感谢承担撰稿、统稿、审稿任务的各位专家的辛勤付出。

吕方　张王赟卓　张黎理
2021 年 5 月